Jeanne d'Arc : une histoire française

Jeanne d'Arc
une histoire française

Charles Louandre
Hégésippe Moreau

Collection « Les Pages de l'Histoire »
Editions Le Mono

De tous les humains ayant laissé leur nom dans l'histoire, Jeanne d'Arc est la seule personne qui ait jamais accédé à l'âge de dix sept ans au commandement suprême d'une force militaire.

Louis Kossuth

Préface

Jeanne d'Arc est considérée, sans ambages, comme une héroïne française. Elle fait d'ailleurs partie des saints patrons secondaires de la France. Il s'agit donc d'une figure importante de l'histoire française qui, en plus de nourrir de nombreux ouvrages d'histoire, a inspiré beaucoup d'écrivains qui lui ont consacré des œuvres tant poétiques, tragiques que romanesques. Tenez pour preuve ce poème de Gérard de Nerval (un poème qu'il avait traduit du *Gedankengedichte* écrit par Friedrich Schiller) :

Jeanne d'Arc

Le démon de la raillerie t'a traînée dans la poussière pour souiller la plus noble image de l'humanité. L'esprit du monde est éternellement en guerre avec tout ce qu'il y a de beau et de grand : il ne croit ni à Dieu ni aux esprits célestes, il veut ravir au cœur tous ses trésors, il anéantit toutes les croyances en attaquant toutes les illusions.

Mais la poésie, d'humble naissance comme toi, est aussi une pieuse bergère ; elle te couvre de tous les privilèges de sa divinité, elle t'environne d'un cortège d'étoiles, et répand la gloire autour de toi... Ô toi que le cœur a faite ce que tu es, tu vivras immortelle !

Le monde aime à obscurcir tout ce qui brille, à couvrir de fange tout ce qui s'élève. Mais ne crains rien ! Il y a encore de bons cœurs qui tressaillent aux actions sublimes et généreuses ; Momus fait les délices de la multitude, un noble esprit ne chérit que les nobles choses.

Sa vie et sa mort inspirent tant les auteurs car elle fut un personnage extraordinaire.

Jeanne d'Arc, une jeune fille née dans le nord-est de la France (dans la lorraine précisément) affirma avoir entendu des voix célestes (dont celles de l'Archange Michael) lui demandant d'être pieuse et de libérer la France de l'envahisseur anglais.

Après quelques hésitations, elle s'est mise à croire à cette révélation et décida d'agir. Elle quitta alors son village pour rejoindre les troupes militaires. Robert de Baudricourt, alors Capitaine de Vaucouleurs, après plusieurs refus de l'intégrer dans l'armée, décida, sous la faveur populaire, de lui donner le commandement d'une troupe militaire.

Elle mena victorieusement les troupes françaises contre les armées anglaises, levant le siège d'Orléans. Elle contribua ainsi à inverser le cours de la guerre de Cent ans.

Jeanne d'Arc fut finalement capturée par les Bourguignons à Compiègne et vendue aux Anglais pour la somme de 10 000 livres. Brûlée vive après un procès en hérésie, elle sera réhabilitée par le pape Calixte III après un second procès qui conclura à son innocence et l'élèvera au rang de martyre.

Jeanne d'Arc dans l'histoire et dans la poésie

I

C'était au moyen-âge une croyance de la chrétienté, et pour ainsi dire un dogme traditionnel, que Dieu honorait la France d'une protection particulière et qu'il l'avait choisie pour son royaume terrestre. Cette croyance éclate dans l'interprétation des faits historiques, et se traduit en merveilleuses légendes. Les rois de France sont les *fils aînés* de l'église, et, comme symbole de cette adoption, Dieu envoie dans la cathédrale de Reims, par la colombe qui porte les messages célestes, l'huile du couronnement. La fiole de saint Remi trouverait aujourd'hui peu de croyants, même parmi les plus fervents soutiens du droit divin : le scepticisme moderne avait détruit le prestige long-temps avant que les terroristes eussent brisé le vase du sacre de Clovis ; mais, quoi qu'il en soit de la sainte ampoule, on ne peut douter que cette légende n'ait exercé une puissante influence sur les destinées de la royauté française, et par cela même sur les destinées du pays. Le couronnement de nos rois n'est pas un vain cérémonial d'investiture, c'est une solennité mystique dans laquelle Dieu leur confère des grâces particulières : l'esprit de justice, car dans l'ancienne monarchie toute justice découle du roi ; le don des miracles, car le roi de France, comme les saints, guérit les malades en les touchant. Il y a donc là dès l'origine, pour les faits merveilleux, une source qui ne tarira pas dans les âges de foi.

Chose vraiment remarquable, nous sommes, dit-on, le peuple le plus sceptique, le plus railleur de l'Europe, et cependant aucune autre nation moderne n'a fait dans ses annales une part aussi large à l'intervention directe, à l'action immédiate de la Providence. La confiance dans les sympathies du Dieu des armées pour le royaume laisse toujours une espérance lointaine au milieu des plus terribles désastres. Dans les vieux temps de notre histoire, le patriotisme et la foi se soutiennent et s'exaltent l'un l'autre. Le dogme de l'expiation explique les souffrances du peuple comme celles des individus, et quand les docteurs de l'église de France, effrayés des malheurs de la patrie, cherchent à la consoler, ils lui rappellent cet axiome chrétien : *Dieu ne frappe que ceux qu'il aime.*

C'est surtout au XIVe et au XVe siècle, en présence des invasions anglaises, que ce fait éclate dans toute sa force. Crécy, Poitiers, Azincourt, enlèvent à la France la fleur de sa noblesse et l'honneur de ses armes, et cependant la patrie survit toujours au deuil de ces grandes journées. L'ennemi hésite et s'arrête sur ces champs couverts de morts ; ses victoires ne sont pour ainsi dire que des haltes glorieuses dans la retraite, et Henry V, comme Édouard III, après le triomphe, recule jusqu'à l'Océan. Dans le parti français, au contraire, l'énergie s'accroît de la grandeur même des désastres. Qu'importe que les rois d'Angleterre ajoutent les lis à leur blason, qu'ils réclament la couronne comme un héritage ou comme une conquête ; ils ne seront rois de France devant le peuple et devant Dieu que le jour où l'archevêque de Reims, assisté de ses douze pairs, aura versé sur leur front l'huile de la sainte ampoule. La patrie incomplète et morcelée du monde féodal s'incarne comme une idée abstraite et mystique dans la personne des rois, et la religion de la royauté, qui est aussi celle du pays, enfante des martyrs. On peut choisir entre les nobles exemples ; nous n'en citerons qu'un seul, parce qu'il rappelle un dévouement digne des temps antiques, et qu'il est en quelque sorte oublié par l'histoire. En 1369, un bourgeois du Ponthieu, Ringois, conspira contre les Anglais qui tenaient le pays. Il fut arrêté dans une émeute, et les officiers d'Édouard III exigèrent de lui qu'il fît servir son influence à consolider dans sa province la domination anglaise. Sur son refus, on le conduisit dans la forteresse de Douvres ; là, on le plaça sur le sommet d'une tour qui dominait la mer, et on lui demanda, en menaçant de le jeter dans les flots, s'il reconnaissait pour maître Édouard d'Angleterre. — Je ne reconnais pour maître que Jean de Valois, répondit l'héroïque citoyen, et il fut à l'instant précipité du haut de la tour.

Le règne du roi Jean avait réduit la France aux plus tristes extrémités ; elle devait cependant descendre plus bas encore sur la pente des derniers abîmes, et, comme l'a dit un théologien du XVe siècle, aucun autre royaume sur la terre n'avait besoin de plus de secours, de prières et de pitié. La guerre civile et la guerre étrangère laissent à peine à nos rois de quoi payer le baptême de leurs enfants. Les campagnes ravagées se couvrent de landes et de bruyères. La couronne de France, comme la chaire de saint Pierre, est disputée par d'implacables rivaux. La corruption est dans l'église, l'anarchie dans la société politique ; le duc de Bourgogne en 1418 admet le bourreau aux conférences de Paris et lui touche la main. Cependant, au milieu de tant de misères et de tant de hontes, toute espérance n'est pas éteinte. « Prends pitié de ce troupeau sans pasteur qui bêle vers toi, ô mon Dieu ! » s'écrie Gerson du fond de sa retraite de Lyon, où, vieux et fatigué des hommes, il consacre ses derniers jours à instruire les petits enfants. La foi, qui naît du malheur, se ranime dans les âmes. Dieu, disent les hagiographes, envoie Vincent Férier pour réconcilier les familles et les peuples. Il donne à l'apôtre espagnol, comme aux évêques des premiers âges chrétiens, le don des langues, pour appeler le monde à la pénitence. Les prédicateurs dans les chaires commentent l'Apocalypse ; le prophétisme se réveille et produit son dernier miracle, Jeanne, *message de Dieu, la fille au grand cœur*, qui sauvera le roi malgré lui, lui fera donner dans la basilique de Clovis l'onction vénérée, et fondera par la victoire notre unité nationale.

Les femmes guerrières, on le sait, occupent une grande place dans les traditions des vieux temps. Penthésilée et les Amazones, Clorinde, Bradamante et Marphise, ont reçu de Virgile, du Tasse et de l'Arioste la consécration épique. Après Arthur et Charlemagne, les beaux rôles dans les romans de chevalerie appartiennent aux héroïnes. Velléda et les femmes germaines qui voyaient dans l'avenir renaissent dans Brunehilde, la Valkyrie des Niebelungen. Les chroniques saxonnes nous racontent l'histoire de la pirate Alvida, qui courait les mers sur les vaisseaux légers des Scandinaves ; et si du monde fantastique, rêvé par les conteurs et les poètes, on descend aux réalités de l'histoire, on trouve encore, avant et après Jeanne d'Arc, des noms glorieux dans la famille des femmes guerrières ; c'est une femme, Anne Munier, qui sauve les jours du comte de Champagne, Henri-le-Libéral, en combattant trois chevaliers qui s'apprêtaient à poignarder ce comte ; c'est Gaëte, femme de Robert Guiscard, qui combat à côté de son époux à la bataille de Dyrrachium, et rallie ses troupes ébranlées par l'attaque de l'empereur Alexis Comnène. Isabelle, fille de Simon de Montfort, Jeanne Hachette à Beauvais, Jeanne Maillotte à Lille, Marie Fourrée à Péronne, Becquetoille à Saint-Riquier, paient dignement au jour du danger cette dette sacrée du sang qu'on doit à son pays comme on doit l'amour à une mère. Ce sont là, certes, de nobles dévouement qu'on admire ; mais la destinée de ces femmes intrépides ne sort point de la condition ordinaire. La révélation de leur courage n'est pour ainsi dire qu'un accident héroïque ; la bataille terminée, elles rentrent dans l'ombre et le silence de la vie domestique. La ville qui les a vu naître et combattre fonde en leur honneur une procession commémorative où les femmes ont le pas sur le clergé lui-même ; on leur élève une statue dans un carrefour obscur, on fonde une messe pour le salut de leur âme, l'histoire les nomme en passant, et tout se borne là. Il n'en est pas de même de Jeanne d'Arc ; héroïne, vierge, prophétesse et martyre, elle s'offre à ses contemporains avec tous les caractères d'une mission providentielle. Déjà, dès le XVe siècle, l'église elle-même l'avait vengée des absurdes décisions de la Sorbonne et de l'université, de l'arrêt barbare des théologiens de Rouen. La critique historique moderne, en écartant ce nuage fatidique dont l'avait entourée la crédulité de nos vieux historiens, nous l'a montrée plus grande et plus sainte encore. L'Allemagne et l'Angleterre ont apporté au pied de sa statue le tribut de leur poésie. La muse française a tenté tout récemment encore de la réhabiliter contre Voltaire. L'érudition exhume des textes, l'histoire juge, la poésie chante, la pitié trouve toujours des larmes. Aucun autre épisode de notre histoire n'a été plus souvent étudié, plus diversement apprécié, sous l'impression toujours changeante des idées philosophiques ou religieuses et des passions politiques. Il y a donc un intérêt réel, nous le pensons, à rechercher rapidement, depuis le XVe siècle jusqu'à notre époque, ce que l'histoire a fait pour rétablir dans leur véritable jour les événements de la vie de Jeanne d'Arc, ce que la poésie a fait pour les chanter ; mais, afin de mieux comprendre et de juger plus sûrement la double tradition de la poésie et de l'histoire, nous croyons devoir rappeler rapidement la vie de l'héroïne, en la replaçant au milieu des croyances de son temps et en rectifiant, à l'aide des derniers documents qui ont été publiés, des points obscurs ou inconnus.

II

Jeanne, on le sait, naquit vers 1410, d'une famille dévouée au roi de France, et, dès ses premières années, elle apprit à détester les Anglais et leurs alliés. Les ravages de la guerre s'étaient étendus jusqu'au lieu de sa naissance. Elle avait vu souvent les enfants armagnacs de son village revenir tout meurtris des combats qu'ils soutenaient contre les enfants bourguignons des villages voisins. L'enthousiasme patriotique s'éveilla dans son âme en même temps que la piété, et, lorsqu'elle s'annonça comme appelée par le ciel à la délivrance du pays, elle trouva en quelque sorte la scène du monde disposée pour son rôle. Déjà, en 1393, dans les conférences ouvertes à Lélinghen entre les ducs de Bourgogne et de Berry et les négociateurs anglais, un pèlerin de Jérusalem, Robert-l'Ermite, s'était rendu auprès de Charles VI pour lui annoncer qu'il avait vu dans une tempête un fantôme resplendissant de lumière, et que ce fantôme lui avait dit — Tu échapperas au naufrage, mais à la condition d'aller trouver le roi de France et de le presser de signer la paix ; parle avec assurance, on t'écoutera, et ceux qui voudront continuer la guerre seront rigoureusement punis. — Robert, qui croyait à la réalité de sa mission, se rendit auprès du roi, et là, comme Jeanne d'Arc dans l'entrevue de Chinon, *il ne fut de rien effrayé ni ébahi*. Quand Vincent Férier annonçait, en 1407, qu'il avait entendu les anges sonner aux quatre coins de l'univers les trompettes du jugement, le peuple qui l'écoutait croyait voir dans les nuées saint Dominique et saint François qui descendaient du ciel pour assister au sermon. Marie d'Avignon, quelques années avant Jeanne d'Arc, était allée trouver Charles

VII pour lui confier qu'elle avait vu des armes en songe, et que ces armes étaient destinées à une jeune fille qui sauverait la France. On rappelait, on inventait peut-être des prophéties de Merlin annonçant qu'une vierge venue du *Bois Chenu*, — et ce bois était voisin du pays de Jeanne, — chevaucherait sur le corps des guerriers armés de l'arc, c'est-à-dire des Anglais, ces redoutables archers qui se vantaient de tirer à coups de flèches du sang à une girouette. Ces traditions merveilleuses, ces croyances à une intervention divine, qui circulaient partout, étaient sans aucun doute arrivées jusqu'à Jeanne, et, quand on se reporte au XVe siècle, on comprend qu'en sondant son courage et sa foi, en écoutant ces voix mystérieuses que l'extase faisait parler en elle, elle ait cru se reconnaître dans l'ange sauveur annoncé à la France.

Il suffit que la noble fille ait entrevu cette mission sainte, il suffit qu'elle ait posé le pied sur cette échelle mystique qui mène par la vision jusqu'au seuil de l'éternel séjour, pour qu'elle en franchisse tous les degrés. Jeanne est de la même famille qu'Hildegarde et sainte Catherine de Sienne.

Elle obéit, comme ces deux saintes, à cette faculté supérieure, enthousiasme, illuminisme, extase, qui se dérobe à toute analyse, qui touche aux plus profonds mystères de l'être, mais qui n'en est pas moins un fait réel, permanent dans l'histoire, inhérent à la nature humaine. Sainte Catherine voit et entend Jésus-Christ, comme Jeanne entend saint Michel. Elle écrit au condottière Albérico Barbiano, comme l'héroïne française aux chefs des armées, et l'illumination religieuse l'élève à la même hauteur et lui donne la même force dans la simplicité. Elle parle et agit au nom du ciel pour réconcilier le pape et la république de Sienne, comme Jeanne pour chasser l'Anglais. Dans ce bouleversement intérieur de l'extase, l'esprit, profondément surexcité, demande à l'imagination les fantômes qu'il rêve, et la raison, qui persiste toujours, leur donne des formes et des contours. Cette raison grandit, même en s'égarant ; le monde extérieur ne se présente plus dans les conditions ordinaires ; elle n'est plus limitée par la vraisemblance, et le miracle surgit de tous côtés avec une autorité si grande, que les mystiques ont établi la supériorité du sens interne sur le sens externe. Cet œil intérieur, cet œil de la vision qui a l'ubiquité, comme le dit Hugues de Saint-Victor, voit Dieu et tout ce qui est en Dieu ; quand la foi l'éclaire, il en arrive jusqu'à posséder l'apparence de l'intangible et l'âme découvre en elle-même, par sa croyance, ce qui échappera aux sens dans le monde de la matière.

L'hallucination n'est pas seulement dans les individus, elle est aussi dans les masses ; la vision devient contagieuse, et l'église, qui n'a jamais donné à ce phénomène qu'une solution dogmatique, l'église y cherche toujours une manifestation surnaturelle de la vérité.

Jeanne et ses contemporains devaient trouver d'ailleurs dans la tradition chrétienne la logique de ces rêves et de ces hallucinations, et quand saint Michel aurait à la sainte fille sous la forme d'un véritable et parfait honnête homme, *verisimi et probi hominis*, cette apparition n'a rien qui surprenne, car l'ange qui se montra à Abraham, à Moïse, à Josué, se manifesta sous la même forme. Ce sont les anges qui veillent à la garde des peuples, *Michael princeps vester*, dit Daniel au peuple de Dieu, et c'est saint Michel, le patron de la France, qui vient visiter et conseiller Jeanne, Michel, qui, d'après saint Ephrem, avait soutenu un si rude combat contre l'ange de Perse, pour arracher à sa domination les juifs qui lui avaient été confiés pendant leur captivité en Assyrie ; car, s'il fallait en croire les écrivains ecclésiastiques des premiers siècles, lorsque deux peuples sont en guerre, les esprits célestes, établis sur les limites des deux royaumes, se livrent entre eux des combats acharnés ; ce qui explique la propension des hommes du moyen-âge à voir des armées s'entrechoquer dans les nuages. Les saintes comme les anges se manifestent corporellement à Jeanne d'Arc ; non-seulement elle leur parle, mais elle les touche, elle les embrasse. « Dès le premier jour où j'ai vu sainte Catherine et sainte Marguerite, dit la Pucelle dans son procès, j'ai voué entre leurs mains la virginité de mon corps et de mon âme, quoiqu'elles ne l'aient pas demandé. Elles m'ont assuré que, si je gardais mon vécu, elles me conduiraient en paradis, et, si je reste fidèle à ce vœu, je me crois aussi sûre de mon salut que si j'étais dans le ciel. » Cette pureté qui fera son salut doit faire aussi sa grandeur dès cette vie. Sa virginité, aux yeux de ses contemporains, sera le plus sûr garant de sa mission divine. Le péché et la mort, diront les théologiens qui vengeront sa mémoire, sont entrés dans le monde par l'œuvre d'une femme, et c'est par une femme, par une vierge, que la grâce est rentrée dans ce monde maudit ; c'est une femme, Isabeau de Bavière, qui a livré le royaume aux Anglais ; c'est une vierge qui a rendu la couronne au roi de France. En ce qui touche la pureté de l'âme et du corps, le mysticisme chrétien, qui a réhabilité toutes les inspirations de la conscience humaine, s'accorde avec les révélations de la poésie primitive. Dans la théurgie antique, les vierges sacrées reçoivent les confidences des dieux. Minerve, symbole de la prudence et de la force, est vierge comme Velléda, parce que ceux-là seuls sont vraiment forts qui triomphent d'eux-mêmes. Dans le christianisme, la virginité affranchit l'âme de ses ténèbres et lui donne la claire vision du monde supra-sensible. « Les vierges, disent les livres saints, sont libres de s'occuper des choses du ciel. » Dans la Jérusalem céleste, elles suivent l'agneau partout où il va ; elles sont comme des prémices consacrées à Dieu, et leur vie est un apprentissage continuel du martyre.

L'obscurité même de sa condition, la faiblesse de son sexe, seront pour Jeanne une nouvelle cause de confiance, un nouvel élément de succès, car elle se rappellera Judith ; femme comme elle, David, qui comme elle gardait les troupeaux, et les livres saints sont là pour lui apprendre que Dieu se plaît souvent à choisir ceux qui sont faibles et dédaignés pour faire éclater sa puissance et confondre les forts, *contempla et contemptibilia etigere ut fortia confundat.*

Ainsi, pour l'héroïne et pour une partie des hommes de son temps, il est évident que les êtres du monde supra-sensible interviennent directement dans sa destinée ; mais d'après la tradition chrétienne, à côté des anges radieux du ciel, il y a les anges déchus de l'enfer, et c'est une croyance orthodoxe que l'homme, au prix de son âme, peut demander à Satan une puissance supérieure, et que Dieu permet à Satan d'agir. Jeanne se trouve donc placée entre cette double équivoque : Est-ce Dieu, est-ce Satan qui la guide ? Ceux qu'elle défend la déclarent *la première sainte du paradis après la mère de Dieu, et la prennent pour un ange plutôt que pour une femme.* Ceux qu'elle combat ne voient en elle qu'un instrument du démon. Les premiers se lancent sur ses pas au milieu de l'ennemi, parce qu'elle marche sous l'aile même de saint Michel ; les autres, après avoir reculé devant elle, la brûlent quand les hasards de la guerre la font tomber entre leurs mains, car à leurs yeux les enseignements de l'église sont d'accord avec les intérêts de la politique : le sortilège est un crime de lèse-majesté divine, « et on doit tuer les sorciers comme on écrase les serpents, les scorpions et autres bêtes venimeuses, avant qu'elles aient fait un mouvement pour mordre. » Quant à Jeanne, elle ne démentira par aucun acte, par aucun mot, par aucune pensée, la confiance qu'elle a que c'est Dieu qui l'envoie. Femme, elle s'élève au plus haut degré de la chasteté chrétienne ; elle n'a que deux passions, deux passions au- dessus de tous les désirs des sens comme l'amour maternel, la piété et le patriotisme. Sa pureté rayonne autour d'elle et inspire aux hommes grossiers qui l'environnent un respect profond. « Les gens de guerre, dit un chroniqueur contemporain, pouvaient bien remarquer qu'elle était bonne pour se divertir et se battre en péché charnel, — car Jeanne était belle, et elle avait l'attrait de la douceur, cette grâce de la force, — mais sitôt qu'ils la regardaient, ils étaient tout refroidis de luxure. » Dans les villes, elle s'entourait de femmes irréprochables, même pendant la nuit, de peur que l'on ne pût calomnier son sommeil. Dans les camps, elle dormait tout armée. Son courage était une sorte de courage mystique qui bravait la mort et ne la donnait pas ; elle portait un étendard au lieu de lance pour éviter de tuer, disant avec orgueil qu'elle n'avait jamais tué personne, et elle ne voulait autour d'elle que des soldats en état de grâce. A l'irrésistible élan de la valeur personnelle elle joignait, et c'est là un fait qu'on a trop méconnu, cet instinct de la guerre, ce coup d'œil du champ de bataille, qui fait les grands capitaines et n'attend pas l'expérience. Comme le vainqueur de Rocroy et les héroïques enfants de la révolution française, elle devine tous les secrets de la guerre en voyant l'ennemi pour la première fois. Qu'on la suive en effet dans la campagne de 1429, on y retrouvera tous les principes de la tactique moderne, la rapidité des mouvements, la vigueur des attaques, les marches rapides à travers les forteresses, les coups de main audacieux contre celles qui gardent les points importants. Elle laisse là cette guerre d'escarmouches et de surprises, ce duel interminable du moyen-âge, pour chercher avant tout les actions décisives. C'est le 29 avril 1429 qu'elle entre en campagne, et le 8 mai la ville d'Orléans était remise en la franchise du roi. Cette première victoire a relevé les courages. Jeanne a compris qu'il fallait se hâter, et elle presse les capitaines français de marcher sur Reims, pour rendre, par le prestige du sacre, quelque grandeur à ce roi qui, détesté par les uns, méprisé par les autres, n'est encore pour l'héroïne elle-même que le gentil dauphin. *Le conseil*, dit Perceval de Caigny, *sembloit très fort à exécuter*, car il fallait traverser quatre-vingts lieues de pays occupées par des garnisons anglaises.

Personne cependant n'osa contredire cet avis. On se mit en marche. Gergeau fut enlevé le 11 juin, Beaugency le 16. Jeanne, toujours la première à l'attaque, encoura-geait ses soldats par ces mots heureux qui sont un présage assuré de la victoire : « Ne doutez, la place est nôtre, » et les gens des communes, les nobles qui étaient venus à leurs frais combattre sous sa bannière, la suivaient en marchant à la mort, comme s'ils devaient ressusciter le lendemain.

Les garnisons anglaises, commandées par Talbot, se mirent en retraite sur Paris. Jeanne, qui savait profiter du succès, décida, malgré l'avis des chefs, qu'on marcherait à leur poursuite, en recommandant de bien seller les chevaux, attendu, disait-elle, que la chasse serait longue. Les deux armées se rencontrèrent à Pathay, et Jeanne marqua par une victoire cette date fatale du 18 juin, qui devait trouver quatre siècles plus tard son funèbre anniversaire dans la journée de Waterloo. La bataille de Pathay ouvrit la route de Reims. La Pucelle entraîna peur ainsi dire le roi malgré lui vers la ville qui gardait la sainte ampoule, et Charles fut sacré le 17 juillet. Jeanne, pendant la cérémonie sainte, se tenait auprès de l'autel, son étendard à la main. Il avait été au danger ; c'était bien moins, comme elle le disait plus tard à ses juges, qu'il fût à l'honneur.

On le voit, Jeanne n'était pas, comme on l'a dit trop souvent, un aveugle instrument de guerre, une sorte de bannière vivante qu'on lançait sur l'ennemi ; c'était un général intelligent, supérieur à tout ce qui l'entourait, et l'âme, pour ainsi dire, des conseils de la guerre. En moins de trois mois, elle avait changé les destinées de la France. A dater du sacre de Reims, une phase nouvelle commence dans sa vie. — Si l'on s'en rapporte à la déposition du comte de Dunois dans le procès de réhabilitation, on voit que Jeanne, après la cérémonie de Reims, voulait retourner dans sa famille ; mais ce départ avait-il uniquement pour motif que Jeanne regardait sa mission comme terminée ? Est-il vrai, comme on l'a si souvent répété, qu'à partir de cette époque le courage de la noble fille ait faibli, qu'elle ait perdu son élan, son inspiration guerrière ? N'aurait-elle pas été victime d'une de ces injustices historiques qui mesurent l'admiration sur le succès ? N'aurait-elle pas été calomniée tout à la fois par les historiens anglais, par les chroniqueurs français eux-mêmes, qui ont arrangé les faits au goût de la cour et du roi, pour excuser le lâche abandon de Charles VII et les jalousies de la noblesse ?

La critique moderne elle-même ne se serait-elle pas laissé prendre à des mensonges traditionnels ? La chronique de Perceval de Caigny, que M. Jules Quicherat a publiée récemment avec une introduction remplie de vues judicieuses et de rectifications importantes, prouve jusqu'à l'évidence que si Jeanne, à partir du mois de juillet 1429 jusqu'à l'époque de son supplice, a été moins heureuse, elle est restée aussi grande ; et, en pénétrant avec ce document révélateur, comme l'appelle M. Quicherat, jusqu'au fond même des événements, on ne tarde point à reconnaître qu'elle nourrissait toujours les plus grands projets, qu'elle avait conservé le même esprit de conseil, le même héroïsme, et que très probablement, si les hommes qui l'entouraient l'avaient laissé librement agir, on aurait vu s'accomplir sa prédiction, que les Anglais, avant sept ans, seraient tous chassés du royaume, à l'exception de ceux qui y mourraient.

Perceval de Caigny avait été l'écuyer du duc d'Alençon, et le duc, on le sait, fut, de tous les capitaines français, celui qui se tint le plus constamment avec Jeanne. A la fin de sa vie, en 1438, c'est-à-dire neuf ans après l'accomplissement des faits, Perceval dicta naïvement le récit de ce qu'il avait vu, et l'on ne saurait trop féliciter M. Quicherat d'avoir remis en lumière et si savamment interprété cette chronique, d'après laquelle l'histoire devra désormais se modifier, en ce qui touche la plus héroïque aventure de nos annales. On ne dira plus que Jeanne, après le sacre, n'avait rien à faire pour la France ; on ne dira plus que le duc de Bedford pouvait la laisser vivre et la rendre, moyennant rançon, sans s'exposer à de nouvelles défaites, sous prétexte qu'elle n'était déjà plus dans les mêmes conditions d'intelligence et de courage. Quelques indications fournies par Alain Chartier et Jacques Lebouvier montrent que les capitaines français substituaient quelquefois leurs plans aux siens, quoique ses plans fussent incontestablement supérieurs, et que le conseil du roi refusa souvent de se rendre à ses avis, de lui donner les moyens de suivre ses entreprises ; mais, ainsi que le remarque M. Quicherat, on n'a jamais accordé une grande attention à ces témoignages. L'habitude est prise depuis longtemps de résoudre toutes les difficultés de l'histoire de Jeanne d'Arc par les pièces de ses deux procès, et, comme dans ces pièces il n'est nullement question des embarras suscités à la Pucelle depuis la prise d'Orléans, le silence des témoins à cet égard a réfuté en quelque sorte les indications des chroniqueurs. Quant à Perceval de Caigny, il résulte évidemment de son *mémoire* que Jeanne d'Arc trouva presque toujours le roi rebelle à ses avis, la haute noblesse disposée à l'entraver, et que cette opposition tenait, non pas à la juste défiance qu'elle pouvait inspirer au début, mais à un parti pris, à un système arrêté même dans le conseil de la couronne, système qui ne peut s'expliquer que par la sottise, l'envie ou la trahison. Ainsi, quand après la bataille de Pathay elle se rend auprès du roi pour lui montrer le chemin de Reims, le roi hésite à la suivre ; lorsqu'après la cérémonie du sacre elle lui montre le chemin de Paris pour lui rendre une capitale, ce roi, indigne des prodiges qu'elle vient d'accomplir pour lui, marche sur Sens et ne revient sur Paris que parce qu'il ne peut traverser la Seine à Bray. Lorsqu'après la prise de Senlis elle veut de nouveau tenter un coup de main sur la capitale, le roi s'arrête. Jeanne, qui est allée se loger à Saint-Denis avec l'avant-garde, lui envoie, du 26 août jusqu'au 6 septembre, message sur message pour le prier d'arriver, et ce n'est qu'après quinze jours, sur les instances du duc d'Alençon, qu'il se décide enfin à venir la rejoindre ; mais pendant ces retards les Parisiens ont eu le temps de mettre leur ville en bon état de défense. Jeanne n'en persiste pas moins ; elle a reconnu la place, et, le 8 septembre, elle donne l'assaut à la porte Saint-Honoré. Blessée vers le soir d'un trait à la cuisse, elle exhorte ses gens à continuer l'attaque, lorsque le sire de Gaucourt et quelques autres capitaines envoyés par le roi l'entraînent hors du fossé, la mettent de force sur un cheval, et la ramènent à la Chapelle-Saint-Denis. « Et avait très grand regret d'elle en disant : Par mon martin (sans doute par mon bâton), la place eut été prise. » Le lendemain, dès la pointe du jour, Jeanne était la première levée au camp ; elle excitait les capitaines à recommencer l'attaque ; le sire de Montmorency, qui, la veille, avait combattu pour les Anglais du haut des remparts de Paris, était venu faire sa soumission avec une troupe nombreuse de gentilshommes, et ce renfort redoublait l'enthousiasme. On se préparait à l'assaut avec une entière confiance dans le succès, lorsque le roi envoya chercher la Pucelle par René d'Anjou, en lui ordonnant de ne point combattre. Malgré cet ordre, elle voulait profiter d'un pont établi à la Briche pour se porter sur la rive gauche de la Seine contre le quartier Saint-Germain. Le roi fit rompre le pont, et, deux jours après, il partit avec l'armée pour l'Orléanais. Ce sont là certes des faits précis, et qui justifient le jugement sévère que le vieil annaliste, en terminant sa chronique, porte contre Charles VII.

Nous n'insisterons pas sur le détail des faits ; il suffit d'avoir indiqué, d'après Perceval de Caigny et les savantes remarques de M. Quicherat, combien l'histoire a été faussée en ce qui touche les derniers événements de la vie militaire de Jeanne. Faire sacrer le roi à Reims, délivrer le duc d'Orléans, prisonnier en Angleterre, chasser les Anglais du royaume, tel était le but qu'elle-même avait assigné à sa mission, et sans aucun doute elle l'aurait atteint si elle avait trouvé plus de courage et moins de trahisons autour d'elle. Le dessein qu'elle avait formé avec le duc d'Alençon de conquérir la Normandie, la campagne du Nivernais, témoignent qu'elle n'avait rien perdu de ses instincts belliqueux ; mais elle rêvait de plus grandes choses encore : sa pensée était tournée sans cesse vers le duc d'Orléans, et, pour le délivrer, elle avait conçu un projet qui la place entre Guillaume-le-Conquérant et Napoléon, le projet d'une descente en Angleterre.

Contrariée dans ses desseins, fatiguée des obstacles qui renaissaient sans cesse autour d'elle, la Pucelle quitta la cour vers la fin d'avril 1430, non pas pour retourner dans sa famille, mais peut-être avec l'intention de chercher la mort sur le champ de bataille. Elle se retira, on le sait, dans les murs de Compiègne, et le 24 mai elle fut prise dans une sortie, et sans aucun doute par l'effet d'une trahison. A la nouvelle de cet événement, une immense douleur éclata dans le peuple, et, tandis que le clergé de Paris, dévoué au parti anglais, célébrait un *Te Deum* solennel à Notre-Dame, les bourgeois de Tours, d'Orléans et de Blois, les pieds nus et la corde au cou, chantaient le *Miserere* et promenaient les reliques des anciens patrons de la France. Les Anglais, dit notre vieux poète Martial de Paris, ne l'eussent point donnée pour Londres, et le roi de France qui pouvait, quoi qu'en aient dit les écrivains ultra-monarchiques, ou la sauver en menaçant les Anglais de représailles, ou tenter sa délivrance par les armes, ou la racheter, en vertu des coutumes féodales, moyennant dix mille écus, le roi de France la laissa vendre pour cette somme au duc de Bedford.

Nous n'avons point à raconter ici les détails du procès de Jeanne d'Arc, les douleurs de sa captivité et cette longue agonie qu'elle-même a nommée *sa passion*. C'est dans les pièces judiciaires qu'il faut lire ce drame attendrissant, car, ainsi que l'a dit M. Daunou, « mêler la réflexion à l'exposé de cette horrible procédure, c'est manquer de confiance dans l'intérêt naturel et profond d'un tel sujet. Les faits frappent et parlent d'eux-mêmes, et Jeanne d'Arc assurément n'a besoin d'aucune autre apologie, ni ses juges d'aucun autre opprobre.

Du 21 février au 27 mars, Jeanne subit seize interrogatoires. La semaine sainte ne suspendit pas même la procédure, et, comme à l'assemblée de Poitiers, il était triste et beau de la voir se défendre, *femme contre les hommes, ignorante contre les doctes, seule contre tous*, toujours confiante dans le triomphe de ce roi qui l'oublie, toujours pieuse en présence de ces prêtres et de ces faux docteurs qui la torturent et qui la tuent ; et certes le peuple pouvait sans blasphème comparer l'évêque de Beauvais et ses indignes assesseurs à Caïphe et aux pharisiens s'acharnant à faire mourir le Christ.

Le 31 mai 1431 la sentence de mort fut signifiée à la Pucelle, et le même jour elle fut conduite au vieux marché de Rouen pour y être brûlée. En montant sur le bûcher, elle déclara solennellement que sa mission venait de Dieu ; le peuple priait et pleurait ; ses bourreaux eux-mêmes étaient attendris. Le confesseur qu'on lui avait donné pour la trahir sortit de la foule et se jeta à ses genoux en lui demandant pardon. Un capitaine anglais, qui avait juré d'apporter un fagot pour allumer le feu, fut sur le point de s'évanouir en voyant la manière dont elle mourait, et déclara que c'était *une bonne femme*, parce qu'une colombe blanche, symbole des âmes immaculées, s'était envolée du bûcher. On remarqua qu'en se tordant dans les dernières convulsions elle avait penché la tête du même côté que le Christ quand il expira sur la croix. Le dernier mot qui sortit de sa bouche fut le nom de Jésus, et les spectateurs racontèrent qu'ils avaient vu ce nom sacré écrit dans les flammes. Quand le sacrifice fut accompli, le cardinal d'Angleterre ordonna au bourreau de rassembler les restes du corps et de les jeter dans la Seine, circonstance qui frappa vivement les esprits, et qui fut, pour ainsi dire, une consécration suprême, un dernier trait de ressemblance avec les martyrs que les bourreaux païens persécutaient jusque dans la mort.

III

Le patriotisme et le génie militaire, élevés par la foi jusqu'aux dernières limites de l'inspiration, telle est la véritable explication de la destinée glorieuse de Jeanne d'Arc, la seule que puisse admettre la raison moderne ; mais cette noble et rapide destinée s'écarte tellement des conditions ordinaires, elle touche de si près aux problèmes éternellement inexplicables de la nature humaine, qu'elle reste en quelque sorte dans l'histoire comme une légende mystérieuse, que la théologie, la politique, la philosophie, interprètent tour à tour en la défigurant au gré de leurs passions, de leurs croyances ou de leurs doutes. Au XVe siècle, tout se réduit à une équivoque théologique : la Pucelle agissait-elle sous l'impulsion de Dieu ou l'impulsion de Satan ? Plus tard, quand on a repoussé le miracle, on retombe dans les motifs purement humains, et, pour la politique et la philosophie, la sainte n'est plus qu'une folle ou un aveugle instrument que fait mouvoir une intrigue de cour. Examinons à ce double point de vue les jugements que l'histoire a portés, et, en voyant ainsi dans l'éternelle mobilité des choses humaines les horizons changer sans cesse, les jugements se modifier, se contredire, nous aurons plus d'une fois l'occasion de nous demander si cette justice impartiale et calme que les hommes supérieurs attendent de l'avenir n'est pas, comme la gloire elle-même, une trompeuse illusion.

C'est l'église qui a condamné Jeanne, c'est l'église qui la première va la défendre. Des théologiens dévoués aux intérêts de l'Angleterre prêchent en vain dans Paris, par ordre du duc de Bedford, pour justifier les bourreaux en maintenant l'accusation de sortilège : cette conscience éternelle du genre humain, que les historiens de l'antiquité invoquaient, à défaut de la Providence, pour absoudre les grands hommes, réhabilite la vierge martyre dès le jour même de son supplice. Le dernier des grands docteurs du moyen-âge, Gerson, déclare qu'elle n'est pas sorcière. Un religieux dominicain, Jean Nidier, qui mourut en 1438, la montre, dans son livre intitulé *De Sybilla Francica*, comme une prophétesse, une sorte de Velléda chrétienne, qui n'entreprend rien qu'*au nom de la très sainte Trinité*. Saint Antonin, archevêque de Florence, l'appelle sainte, le pape Pie II, femme admirable ; mais, dans l'opinion du pape, elle a été envoyée aux Français, *nation présomptueuse*, moins pour les sauver que pour humilier leur orgueil. Thomas, évêque de Lisieux, Martin Beuzine, docteur en théologie, Théodore, auditeur de rote en cour de Rome, concluent dans le même sens, et l'église gallicane se recommande de son nom dans les prières qu'elle adresse à Dieu : « Auteur de toute paix, qui terrasses sans armes et sans attirail de guerre ceux qui blasphèment contre toi, viens à notre aide, nous t'en supplions ; tu as pris pitié de nos malheurs, tu as sauvé ton peuple par la main d'une femme ; donne aujourd'hui au bras du roi Charles une force victorieuse. »

Les légistes défendent la mémoire de Jeanne au nom des lois humaines, comme les théologiens au nom des lois divines. Un avocat au parlement de Paris, Paul Dupont, et l'historien Amelgard établissent dans de savants mémoires l'incompétence des juges et la nullité du procès. Enfin, en 1456, une commission d'évêques, nommée par le pape Calixte III, déclare solennellement, à la suite d'une longue enquête, l'iniquité de la procédure de Rouen. Cent quarante-quatre témoins, hommes et femmes de tous rangs, furent entendus. Ils avaient tous connu l'héroïne, les uns dans son village, les autres à la cour de Charles VII. Parmi les femmes, quelques-unes l'avaient habillée, elles l'avaient vue au bain ; elles avaient partagé son lit, et pour tous, comme le dit M. Michelet, Jeanne avait reçu *le don divin de rester enfant*. L'histoire suivit ce mouvement de l'opinion publique, et, parmi nos écrivains nationaux du XVe siècle, il en est deux seulement qui ne se sont pas ralliés à l'enthousiasme universel : l'auteur anonyme de la chronique connue sous le nom de *Journal d'un bourgeois de Paris*, qui appartenait au vieux parti cabochien, et Monstrelet, qui était du parti bourguignon. Ce dernier, en ce qui touche le supplice de Jeanne d'Arc, se borne même à rapporter la lettre missive expédiée au nom du roi d'Angleterre dans toutes les cours d'Europe, pour les informer de l'auto-da-fé de Rouen, et absoudre le duc de Bedford en calomniant la victime. Mais déjà la gloire de Jeanne était adoptée par la chrétienté tout entière. Dès la première moitié du XVe siècle, on promenait son portrait dans toute l'Europe, et les habitants de Ratisbonne payaient 24 deniers pour voir « la représentation de la jeune fille qui avait combattu en France. » Tous les historiens de l'Italie, Carnerio Berni et Jacques de Bergame, entre autres, en parlent avec la plus vive admiration. Les beaux esprits font en son honneur des devises et des emblèmes, et, dans ces allégories qui plaisaient tant au moyen-âge, elle était figurée, tantôt par une abeille sur une ruche couronnée, avec ces mots : *Haec virgo regnum mucrone tuetur*, tantôt par un peloton de fil posé sur un labyrinthe avec cette devise : *Regem eduxit labyrintho* ; par une colombe blanche sans fiel, mais généreuse, avec cette légende : *Mares haec foemina vincit* ; par un phénix brûlant sur un bûcher avec cette ame. *Invito funere vivet* ; enfin par une main portant une épée avec cet exergue : *Concilio confirmata Dei*.

Loin de douter de la mission de Jeanne d'Arc, le peuple exagérait la puissance qu'elle avait reçue de Dieu, et comme Lactance, qui vengeait les martyrs par le sombre traité *de la Mort des persécuteurs*, on montrait la colère du ciel frappant ceux qui l'avaient condamnée ou trahie. L'évêque de Beauvais meurt d'apoplexie en se faisant raser ; son indigne serviteur, Nicolas Midy, *pourrit de ladrerie* ; Étienne Estivet, qui avait traité Jeanne de paillarde, meurt dans un réduit immonde ; Flavy, gouverneur de Compiègne, qu'on accusait d'avoir fermé à dessein les barrières pour la livrer à l'ennemi, est poignardé dans son sommeil par ordre de sa femme. A ces coups terribles, pouvait-on méconnaître la justice divine ?

Pour la théologie, le problème est désormais résolu : la vie de Jeanne d'Arc est un miracle ; mais le scepticisme du XVe siècle va soulever un problème nouveau, et ce siècle douteur rejettera sur la fourberie des hommes ce que les générations précédentes attribuaient à la fourberie de l'esprit malin. Juste-Lipse compare les entreprises de la Pucelle aux ruses politiques dont l'histoire romaine fait mention. On rappelle Numa, qui voulait se concilier la vénération en feignant des entrevues secrètes avec la nymphe Égérie ; Scipion, qui recevait les conseils de Jupiter Capitolin ; et comme l'esprit ne s'arrête jamais dans le doute, après avoir nié la sincérité de Jeanne, on calomnia sa pureté ; mais les apologistes se lèvent en face des détracteurs. « Quelques-uns des nôtres, dit Pasquier, se firent accroire que ce fut une feintise, et j'en ai vu de si impudents et éhontés qui disaient que Baudricour en avait abusé, et que l'ayant trouvée d'entendement capable, il lui avait fait jouer cette fourbe. » Pasquier pardonne aux premiers, parce que « le malheur du siècle est tel que, pour acquérir réputation d'habile homme, il faut machiavéliser, » et il ajoute : « Pour le regard des autres, non-seulement je ne leur pardonne pas, mais au contraire ils me semblent dignes d'une punition exemplaire pour être pires que l'Anglais. » - Un docteur du même temps, Guillaume du Préau, bon Français, quoique théologien, cite l'apologue du chat métamorphosé en femme, dans les fables d'Ésope, pour prouver qu'il était impossible qu'une fille perdue eût pu jouer aussi long-temps le personnage d'une vierge inspirée, devant un roi et aux yeux de toute sa cour, sans se trahir par quelque accident vulgaire. Que les historiens anglais reprochent à Charles VII d'avoir recouvré son royaume par l'œuvre d'une femme, du Préau leur répondra que c'est une honte plus grande encore d'avoir été vaincus par elle, et qu'en admettant même « qu'elle se fût vantée faussement d'avoir été envoyée de Dieu... si est-ce toutefois que les tromperies qui se font pour le salut et délivrance du pays ont toujours semblé au jugement humain mériter plutôt louange que punition. » - Guillaume Postel, le visionnaire, ne se contentait pas de réfuter les incrédules qui traitaient de fables les miracles attribués à Jeanne d'Arc ; il voulait qu'on punît de mort ceux qui outrageaient la mémoire de cette fille illustre, ou du moins qu'on les bannît.

Jusque-là on avait discuté sans remonter aux sources historiques ; mais, en 1628, Edmond Richer composa sur les documents alors connus un volume in-folio qui est resté manuscrit, et qu'on peut regarder comme le premier travail vraiment érudit entrepris sur Jeanne d'Arc et le germe déjà très développé de ce qu'on a publié depuis. Dès-lors l'inspiration divine de la Pucelle est acceptée en France comme un fait incontestable, et les historiens, éblouis par le miracle, se montrent plutôt disposés à exagérer le prodige qu'à l'affaiblir. Les Anglais cependant continuent toujours la guerre ; ils discutent, comme Rapin-Thoyras, pour réduire aux simples proportions d'une intrigue politique les entreprises et les exploits de l'héroïne. La réfutation ne se fait pas attendre, et le père Berthier insère dans *l'Histoire de l'Église gallicane* de Longueval une savante dissertation dans laquelle il s'attache à prouver que la Pucelle était réellement inspirée, en donnant de cette opinion trois motifs : 1° les promesses de Jeanne, vérifiées par le succès ; 2° tant de belles actions supérieures à l'âge, à la condition et aux lumières d'une fille de la campagne ; 3° la vertu et l'innocence de cette *jeune personne* dans une profession aussi licencieuse que celle des armes.

En écoutant dans le silence de la mort tous ces bruits de la terre qui se faisaient autour de son nom, et après les disputes des théologiens, les discussions des érudits, Jeanne aurait pu se croire encore à cette assemblée de Poitiers où, pour la première fois, on cherchait à pénétrer le mystère de sa vie merveilleuse ; mais c'était trop peu sans doute pour expier tant de gloire que le martyre et les calomnies de ceux qu'elle avait vaincus. Les grands esprits du XVIIIe siècle, égarés par le fanatisme de l'incrédulité, devaient livrer sa mémoire à l'inquisition du sarcasme, et *jamais*, comme l'a dit Étienne Pasquier, *jamais mémoire de femme ne fut plus déchirée que la sienne*. Pour Voltaire, la Pucelle n'est plus « qu'une malheureuse idiote, » laquelle un moine, nommé frère Richard, apprenait à faire des miracles : hypothèse inadmissible, et qui supposerait encore un prodige, l'enthousiasme dans le mensonge. Ce n'est plus une simple et douce enfant de la campagne, mais une grossière fille d'auberge, que le philosophe vieillit de six ans, comme pour la calomnier jusque dans sa jeunesse et sa beauté. D'Argens et Beaumarchais répètent les outrages du maître, et par ignorance historique, car c'est là la seule excuse qu'on puisse invoquer, ces hommes, qui marchent à la tête de la civilisation moderne, se retrouvent sur le même rang que les bourgeois cabochiens du XVe siècle, qui insultaient la guerrière du haut des murs de Paris en lui décochant leurs flèches. Heureusement pour notre honneur national, cette haine n'était point partagée par tous les écrivains. Lenglet-Dufresnoy publia, d'après le travail de Richer en 1753 et 1754, une *Histoire de la Pucelle d'Orléans* qui eut une seconde édition en 1755. Villaret mit en œuvre avec un grand soin les matériaux édités ou indiqués par Lenglet-Dufresnoy, et, comme l'a dit M. Daunou, on ne saurait lui contester le mérite d'avoir mûrement étudié et fidèlement retracé tout ce qu'il y a d'essentiel dans l'histoire de l'héroïne du XVe siècle, d'avoir surtout fait briller du plus vif éclat son innocence, ses vertus, son courage et les services éminents qu'elle a rendus à la

France. Le travail de M. de Laverdy, qui parut en 1790, et qui remplit 604 pages in-4°, apporta des éléments nouveaux, et acheva de réfuter par des faits précis les déclamations des philosophes abusés. Bientôt la convention, en donnant à Schiller le titre de citoyen français à l'occasion de sa tragédie de *Jeanne d'Arc*, vengea l'héroïne contre Voltaire lui-même, car la révolution française donnait, par le patriotisme, à la légende de la guerrière de Domrémy une explication plus large. On ne s'étonnait plus qu'une fille sortie de bas lieu eût accompli de si grandes choses ; on ne regardait plus l'héroïsme comme un privilège de caste, et Jeanne avait retrouvé des frères dans ces soldats révolutionnaires, paysans comme elle, qui marchaient à la gloire sans souliers et sans pain.

On le voit, nous sommes loin du temps où Jeanne d'Arc était traitée de sorcière : le nuage fantastique qui l'environne se dissipe avec les siècles ; mais une hypothèse nouvelle va surgir de l'illuminisme matérialiste de Mesmer, et, en 1806, M. Boys fait encore, à propos de Jeanne, une halte dans le domaine du merveilleux. La somnambule a remplacé la sainte ; et cet écrivain s'attache à prouver que l'héroïne était douée de ce sixième sens que le magnétisme éveille dans l'homme, et que la crise cessa à l'époque du sacre de Reims. Avec la restauration, les horizons changent, et l'histoire entonne un dithyrambe monarchique. Pour donner quelque prestige au trône des enfants de saint Louis, il fallait l'étayer sur des ruines, et les sujets fidèles du royaume des lis évoquèrent la mémoire de la vierge de Vaucouleurs, comme on disait alors, pour montrer que Dieu ne marchandait pas les miracles, quand il s'agissait de rendre la couronne aux rois de l'exil. C'est M. de Marchangy qui donne le ton, et quand il arrive, dans *la Gaule poétique*, au glorieux épisode de 1429, les simples allures de l'histoire lui semblent trop vulgaires, et il encadre son érudition dans les guirlandes d'une épopée en prose et en douze chants. Le premier chant commence en paradis. C'est toujours là que commencent les poèmes sur Jeanne d'Arc. Saint Louis est assis au pied d'un chêne, au milieu des sages et des preux, et il écoute des troubadours qui redisent les belles actions des rois de France. — C'est débuter malheureusement dans une œuvre qui vise à l'orthodoxie que de faire pousser dans le paradis chrétien les beaux arbres de l'Elysée antique, d'y faire chanter les louanges des rois quand on n'y chante que les louanges de Dieu, et surtout d'y placer des troubadours, ces roués du moyen-âge, à qui les casuistes les plus indulgents auraient à grand'peine accordé le purgatoire. — Tandis que les troubadours redisent les actions des rois de France, trois chevaliers tués à la bataille de Verneuil arrivent tout éperonnés, et informent saint Louis, qui était là tranquillement au pied de son chêne, de ce qui se passe dans son royaume. Le vainqueur de Taillebourg, qui voyait sans doute dans les Anglais autre chose que de *bons alliés*, se lève brusquement, appelle Coucy, Lusignan et Châtillon, et se rend avec eux au pied du trône de Dieu. « Seigneur, dit-il, vous oubliez votre peuple bien-aimé ; que deviendra ma race ; si les affaires marchent long temps de cette façon ? » Dieu répond par un sourire *qui fait briller un triple arc-en-ciel Sur les frontières du firmament*, et il ordonne à Gabriel de se rendre sur la terre pour y relever *la tige pure des lis par les mains d'une vierge*. Gabriel va trouver Jeanne d'Arc, et dès-lors, sauf quelques amplifications extra-monarchiques, les choses se passent à peu près comme dans l'histoire, jusqu'à l'épisode du sacre. Arrivé là, M. de Marchangy termine brusquement son poème, en courtisan bien appris, qui craint de se compromettre vis-à-vis du trône, de l'autel et de l'Angleterre, en montrant son héroïne abandonnée par le roi, condamnée par un évêque et brûlée par les Anglais, qui venaient de relever *la tige des lis*. La conclusion est de tous points digne du début. Jeanne, qui entrevoit vaguement sa destinée dans l'avenir, s'attriste et pleure, et Dieu envoie un ange qui la console en lui citant la mythologie et le phénix qui renaît de sa cendre. « Phénix des héroïnes et des bergères, dit l'habitant de l'éternel séjour, consolez-vous ; les anges vos frères vous tresseront des *couronnes de lis*, et les Geneviève, les Bathilde et les Clotilde vous feront place sur les gazons fleuris. »

Au point de vue de l'érudition sérieuse, nous citerons dans les premières années de la restauration les travaux de M. Berriat-Saint-

Prix et de M. Lebrun de Charmettes. M. Berriat-Saint-Prix a tracé mois par mois, quelquefois jour par jour, l'itinéraire de Jeanne d'Arc, et c'est là ce qui fait le principal mérite de son livre, ainsi que la publication d'une lettre, jusqu'alors inédite, écrite par Jeanne au duc de Bourgogne le 26 juillet 1429. Quant à M. Lebrun de Charmettes, il n'a fait que compiler et mettre en ordre les travaux de ses prédécesseurs, et, comme il arrive souvent, par cela même qu'il leur doit beaucoup, il les juge avec une grande sévérité. Malgré de nombreuses inexactitudes et des hors-d'œuvre, tels que des traductions du *Te Deum* et du *Veni Creator*, les quatre volumes de M. Lebrun offrent, par le détail et l'entassement des analyses et des textes, un vif intérêt ; mais par malheur le style est parfois d'une naïveté qui n'est point celle que l'on admire dans les chroniques.

Nous ne nous arrêterons point aux nombreuses compilations de ces dernières années où figure l'héroïne d'Orléans, à ces pastiches malencontreux du moyen-âge placés sous l'invocation de l'*angel de la France*, à ces dithyrambes néo-catholiques qui nous font presque regretter Le Ragois. Nous ne mentionnerons même que pour mémoire le livre de *Guido Goerres*, dans lequel le mystique allemand cherche à démontrer, par les faits contemporains, que la vie de la Pucelle est un miracle permanent, qu'elle a obéi, non pas à l'entraînement d'une nature supérieure, aux élans de l'enthousiasme patriotique, aux sincères hallucinations de la foi, mais à l'esprit prophétique, et que, pour chercher le mot de l'énigme, il faut remonter jusqu'à Dieu. L'histoire, mieux informée, devait enfin, par MM. Michelet, de Barante, Sismondi et Henri Martin, replacer dans son véritable jour la noble figure de l'héroïne, et l'épisode de 1429 a trouvé dans ces écrivains des interprètes qui en ont dignement compris la grandeur. Sans doute ils se sont placés, pour juger, à des points de vue divers ; mais tous ils ont également rendu justice à la sincérité de Jeanne, à sa pureté, à son courage.

Le récit de M. de Barante est une chronique vivante, pour ainsi dire, colorée comme une légende, mais toujours rectifiée par la raison moderne. Dans M. de Sismondi, la partie légendaire est impitoyablement écartée par l'esprit froid et analytique du calviniste, sans que pour cela l'admiration soit moins vive. L'historien est sans pitié pour les outrages de cette philosophie du XVIIIe siècle à laquelle il appartient lui-même, et les mensonges de ce moyen-âge dont la barbarie l'indigne et l'irrite ; mais, en repoussant le merveilleux, il déclare l'héroïsme de Jeanne plus admirable encore que les pouvoirs surnaturels qu'on lui attribuait. Quant à M. Michelet, on peut dire sans exagération qu'on lui doit le seul poème que nous ayons jusqu'ici sur Jeanne d'Arc, et c'est surtout dans ce bel épisode que se révèle sa nature enthousiaste et profondément sympathique. M. Michelet, qui venge tout à la fois Jeanne par la poésie, la raison et l'érudition, pénètre jusqu'au fond même des croyances du moyen-âge pour y chercher l'interprétation des faits ; il récuse le miracle, mais il admet l'inspiration religieuse en s'inclinant devant les sentiments qui font les martyrs et les héros, la sincérité de la foi et le dévouement au pays. Il est justement sévère pour l'église qui s'égare, mais il montre toujours au-delà des faits humains la mystérieuse action de la Providence sur les grandes choses de ce monde. Ce n'est plus l'archange Michel qui descend des sphères célestes et qui plane comme un oiseau devant l'héroïque enfant ; c'est un rayon divin qui tombe de l'infini sur cette aine d'élite pour éveiller en elle la poésie muette du sentiment.

Tandis que les historiens racontent et que les poètes chantent, — le mot est juste, puisque nous venons de nommer M. Michelet, — les érudits exhument les trop rares documents contemporains que le temps a laissé parvenir jusqu'à nous. L'un des plus jeunes et des plus savants disciples de cette école de l'érudition française qui compte tant de noms respectés, M. Jules Quicherat, a réuni dans trois volumes, qui seront précédés d'une introduction générale, tous les documents authentiques qui se rapportent à l'histoire de Jeanne d'Arc, c'est-à-dire les textes des procès de condamnation et de réhabilitation, les enquêtes faites à Orléans, à Paris et à Rouen, les dépositions de Jean Daulon, maître d'hôtel de la Pucelle, divers mémoires extra judiciaires, les résumés des conclusions de l'assemblée de Poitiers sur le caractère divin de la mission de Jeanne, le traité de Jacques Gelu, archevêque d'Embrun, les propositions de maître Henri de Gorcum, et la dissertation allemande *De Sybilla Francica*, dont nous avons parlé plus haut. Ce travail important, ainsi que la chronique de Perceval de Caigny, dont on doit la découverte à M. Quicherat, a sa place marquée au premier rang des publications historiques de nos jours.

Ainsi, après quatre siècles d'incertitudes, de calomnies, d'exagérations, l'histoire tient enfin pour Jeanne d'impartiales assises. De toutes les grandes figures du passé, il n'en est pas une seule que la critique contemporaine ait éclairée d'une plus vive lumière, et dans aucun autre épisode de nos annales les progrès de cette critique ne sont plus saisissants. L'héroïne est sortie sainte et pure de cette enquête solennelle ; personne aujourd'hui n'oserait soupçonner sa sincérité, rabaisser sa grandeur, et son existence, dégagée du merveilleux, est encore un prodige. Félicitons donc les historiens modernes de l'avoir comprise et réhabilitée contre tous les doutes et tous les outrages. C'est là tout à la fois une œuvre de conscience, de savoir et de patriotisme, car dans cet affaissement des croyances il est beau de montrer que la religion du pays peut toujours enfanter des miracles. Les grandes espérances, dans la vie des peuples, naissent des grands souvenirs.

Nous venons de suivre les phases diverses que la mémoire de Jeanne a traversées dans l'histoire ; nous allons chercher maintenant quelles épreuves lui réservait la poésie.

IV

Parmi les sujets empruntés à nos souvenirs nationaux, il n'en est aucun qui ait attiré plus fortement les rimeurs. Rien n'y manque, tableaux de la vie champêtre et de la vie guerrière, songes, visions, apparitions des saints et des anges, cérémonies royales, appareil solennel de fêtes et de supplices. Tout est disposé pour le mouvement et l'éclat. C'est tout à la fois une idylle, une élégie, une tragédie, un mystère chrétien. L'idée du sacrifice et de l'expiation y domine, la fatalité dans la tragédie antique ; la destinée du héros est intimement liée à la destinée du peuple français, et la vierge martyre combat pour le salut du royaume, comme Hector pour retarder le jour suprême d'Ilion. La poésie, cependant, est si grande dans la réalité des faits, qu'on se demande, dès l'abord, ce que la fiction peut ajouter à l'histoire, et il suffit de jeter un coup d'œil rapide sur les essais tentés depuis quatre siècles pour se convaincre que prétendre embellir un tel sujet, c'est le profaner. Dans cette revue rapide, à côté de noms obscurs et justement oubliés, nous rencontrerons des noms illustres devant lesquels on s'incline ; mais, parmi les plus grands eux-mêmes, les uns ont calomnié l'héroïne faute de la comprendre, les autres l'ont défigurée en cherchant à l'idéaliser.

En fait de poèmes épiques, héroïques ou historiques, si l'on excepte quelques chansons de geste, entre autres la *Chanson de Roland*, les muses du Parnasse français n'ont guère inspiré aux rapsodes nationaux que des œuvres souverainement fastidieuses, dans lesquelles les plus grandes figures de l'histoire sont travesties sans pitié. Qu'on prenne pour type, par exemple, le *Charlemagne* du cycle carlovingien ; qu'est devenu le grand empereur dans la poésie des trouvères ? Une sorte de spadassin de bas étage mystifié par les enchanteurs et les géants, un Lovelace, qu'on nous pardonne l'anachronisme du mot, qui court les aventures galantes et trompe sa femme pour se faire tromper par ses maîtresses. C'était bien la peine, en vérité, d'avoir combattu dans cinquante-trois campagnes les Saxons, les Lombards, les Arabes d'Espagne, les Sarrasins d'Italie, les Danois et les Grecs, d'avoir étendu son empire de l'Elbe jusqu'à l'Èbre et de la mer du, Nord à la mer de Sicile, pour être ainsi défiguré dans les souvenirs des peuples ! Les chevaux, dans les poèmes du moyen-âge, sont plus intelligents, plus généreux, plus dignes que les hommes, et, quand on a fait ses réserves en faveur de quelques strophes vraiment belles, le plus sûr est encore d'en revenir à l'opinion émise par maître Nicolas et le curé dans l'inventaire de la bibliothèque de don Quichotte. Le *Roman de Brut* ne vaut guère mieux que *Florismarthe d'Hyrcanie, Palmerin, le Tyran Leblanc* et *le Chevalier Platir* ; et si l'on pardonne aux poètes qui dans le moyen-âge célébraient Lancelot, Érec et Énide, Renaud de Montauban et même Perceval, c'est uniquement parce qu'ils ont fourni des sujets au Boyardo, au Tasse, à l'Arioste, et surtout parce qu'ils ont inspiré Cervantes.

Dans les épopées chevaleresques, l'imagination, du moins, occupe une large place ; mais, quand on arrive aux chroniques rimées, que reste-t-il, si ce n'est une sèche et aride nomenclature de faits qui n'a pas même le mérite d'un précis chronologique ? Les érudits peuvent y chercher quelques indications utiles, mais à coup sûr l'art et la poésie n'ont rien à y voir. La renaissance classique n'est guère plus féconde que la barbarie du moyen-âge. On pose des préceptes, on discipline le vers, le lecteur sait d'avance que le poème commencera par, *je chante*, qu'il trouvera au deuxième paragraphe une invocation, douze chants, et à la fin de chaque chant un épisode ; mais, hélas ! où sera la véritable inspiration qui seule fait les œuvres durables ? où la chercher depuis trois siècles ?

Dans le *Clovis* de M. Desmarets ou dans le *Clovis* de M. Limojon de Saint-Didier ? M. Dorion, auteur de *Palmyre conquise* et d'un poème érudit sur la *bataille d'Hastings*, M. d'Arlincourt dans *la Caroléide*, M. Ancelot dans *Marie de Brabant*, M. Parceval-Grandmaison dans *Philippe-Auguste*, enfin M. Alexandre Soumet dans sa *Trilogie nationale*, ont-ils démenti, malgré quelques passages heureux, ce vieil axiome, que les Français n'ont pas la tête épique ?

Un chroniqueur du XVe siècle, Martial de Paris, auteur des *Vigiles du roi Charles VII*, est le premier de nos écrivains qui ait payé à la mémoire de Jeanne le tribut de ses vers ; mais on chercherait vainement quelques traces d'inspiration dans les lignes rimées de cet honnête bourgeois, qui, pour retracer par un grand trait la triste situation du royaume sauvé par Jeanne et montrer le bras de Dieu étendu pour punir, ne trouve rien de mieux que de donner en ces mots le menu d'un dîner de Charles VII. Un jour, dit-il,

> Un jour que La Hire et Poton
> Le vindrent voir pour festoyement,

N'avoit qu'une queue de mouton
Et deux poulets tant seulement.

Christine de Pisan, comme Martial de Paris, consacra un *ditié* à la louange de l'héroïne ; mais l'inspiration lui fit également défaut. Les dieux de l'hexamètre païen, exilés par la foi du moyen-âge, venaient à peine de remonter sur les doubles sommets de la montagne poétique, qu'un docteur en théologie, de la faculté de Paris, Valerand de la Varanne, invoquait la muse latine et chantait en dactyles héroïques *les actions de Jeanne, vierge française et guerrière intrépide*. Au point de vue littéraire, l'œuvre de Valerand de la Varanne, malgré sa médiocrité, offre quelque intérêt, car elle forme la transition de l'épopée chevaleresque et de la chronique rimée aux épopées chrétiennes de la littérature classique.

La scène se passe tantôt dans le ciel, tantôt sur la terre. Il y a des songes prophétiques, des prosopopées, des anges qui jouent le même rôle que les confidents dans les tragédies, des discours empruntés aux *conciones* virgiliens ? Le Christ cite la mythologie, et Charlemagne, transfiguré et canonisé, descend du ciel pour faire au roi Charles VII un cours de morale et de politique. Le grand empereur, dans les vers du théologien, n'est plus ce qu'il était dans la prose rimée des trouvères, un pourfendeur de géants, un galant coureur d'aventures. En homme qui sait par sa propre expérience ce que les maîtresses des princes coûtent aux peuples des monarchies absolues, il recommande à Charles VII la fidélité conjugale. Il se montre même fort libéral, et parle du gouvernement à peu près comme auraient pu le faire les représentants les plus avancés de la bourgeoisie aux états-généraux de Tours. « Entourez-vous, dit-il au roi son successeur, de Lycurgues, c'est-à-dire de légistes qui fassent de bonnes lois :

... Legiferos passim conquire Lycurgos.

Laissez au sénat l'entière liberté de décider les affaires :

... Summa cum libertate senatus
Omnia decernat...

Le sénat, on le devine, c'est le parlement. Il y a là un épisode qui pourrait servir utilement à rédiger le dernier chapitre de l'histoire romanesque de Charlemagne, car le héros y subit une transformation nouvelle et tout-à-fait inattendue. De conquérant qu'il était, il devient prince pacifique ; il déclame contre la manie des conquêtes, et il n'épargne pas les épigrammes aux Français qu'il connaît pour les avoir commandés

> Sape peregrinis odium contraxit in oris
>
> Gallica mobilitas, et franci militis atrox
>
> Saevities ; dum victori putat omne licere
>
> Flagitium, stupris inhiat…

Quant à Jeanne, le poème n'offre sur sa personne aucun détail qui mérite d'être particulièrement noté, quoique l'auteur se soit inspiré surtout des textes du procès de condamnation ; mais il montre quelle était, à son égard, l'opinion du clergé français. Jamais, on peut le dire, les saints les plus vénérés n'ont été traités avec un respect plus grand. L'auteur ne laisse échapper aucune occasion de rapprocher Jeanne, la vierge innocente et pure qui sauve le royaume, et qui se dévoue comme le Christ, de Marie, cette mère immaculée qui sauve le genre humain. La réhabilitation d'un grand peuple par l'immolation d'une jeune fille, d'une *hostie guerrière*, telle est la pensée qui domine le poème tout entier.

Ainsi, dans le grand mouvement de la renaissance, c'est l'héroïne d'Orléans qui inspire la première de nos épopées nationales, c'est elle qui inspire également l'une de nos plus anciennes tragédies. Elle remplace sur la scène Satan et ses suppôts, inévitables comparses du drame mystique, les empereurs romains et les bourreaux païens ; le 7 septembre 1580, le père Fronton Leduc, jésuite, fait jouer sur le théâtre de Pont-à-Mousson *l'Histoire tragique de la Pucelle, nouvellement départie par actes et représentée par personnages, avec chœur des enfants et filles de France, un avant-jeu en vers et des épodes chantées en musique.* Le père Fronton, on le voit, n'avait rien épargné pour donner de l'éclat à cette solennité dramatique, ni le chœur, muet depuis Sophocle, ni le prologue du drame moderne, ni le libretto du grand opéra. Charles III, duc de Lorraine, qui assistait à la représentation, en fut tellement satisfait, qu'il fit donner une somme d'argent à l'auteur, afin qu'il s'achetât une robe neuve, « celle qu'il portait, dit le père Lelong, sentant un peu trop la pauvreté évangélique. Cette somme consistait, je crois en six écus ; c'était trop pour le talent du père Leduc, et trop peu pour son patriotisme.

La source tragique une fois ouverte ne pouvait tarir, et le flot continua de couler. Une nouvelle pièce en vers, avec des chœurs, fut représentée en 1606. En 1642, Benserade et l'abbé d'Aubignac donnèrent simultanément deux tragédies en prose sur le même sujet. Orléans et Rouen, les villes du triomphe et du martyre, ouvrirent des concours de distiques, de quatrains, et des érudits, qu'on appelait alors des *poètes très célèbres*, expédièrent de tous les points de la France des alexandrins et des pentamètres. Heureux encore, dans ce débordement de dactyles ou de rimes, ceux qui, comme Chapelain, ont eu, pour échapper à l'oubli, la triste ressource du ridicule ! Chapelain, cependant, n'avait épargné ni le temps, ni les efforts, ni les habiletés de la stratégie littéraire ; il avait parlé des progrès de son œuvre avant même qu'elle fût commencée, il l'avait retenue long-temps dans une ombre discrète, pour la grandir par l'inconnu, et pendant trente ans ses amis s'étaient chargés d'en populariser le titre. Le digne homme s'était même élevé jusqu'à l'allégorie métaphysique en disposant *toute sa matière de telle sorte* que la France, dans son poème, représente l'âme de l'homme en guerre avec elle-même ; le roi Charles, la volonté ; les Anglais et les Bourguignons, *l'appétit irascible* ; Agnès, *l'appétit concupiscible* ; le comte de Dunois, la vertu qui a ses racines dans la volonté ; Tanneguy, l'entendement qui éclaire la volonté aveugle ; la Pucelle enfin, qui vient assister le monarque contre le Bourguignon et l'Anglais, représente « la grâce divine qui, dans l'embarras ou dans l'abattement de toutes les puissances de l'âme, vient raffermir la volonté, soutenir l'entendement, se joindre à la vertu, et, par un effort victorieux, assujettissant à la volonté les appétits irascibles et concupiscibles qui la troublent et l'amollissent, produire cette paix intérieure et cette parfaite tranquillité, en quoi toutes les opinions conviennent que consiste le souverain bien. » - Il était difficile de se retrouver dans le labyrinthe de ces symboles ; Chapelain se fourvoya complètement, mais on lui doit du moins cette justice, qu'il a parfaitement compris le caractère de son héroïne. Il la maintient toujours dans les plus hautes sphères de la pureté chrétienne ; il lui prête partout de fort beaux sentiments, et il la montre ce qu'elle fut dans sa vie, humble et fière tout à la fois, reportant à Dieu la meilleure part de ses succès, calme et forte dans la victoire, résignée dans les jours difficiles. C'est grâce sans doute à ce point de vue élevé que Chapelain garda quelques admirateurs au milieu du dédain général. Huet, Ménage, Segrais, Fléchier, lui donnaient de grands éloges ; l'abbé Prévost le préférait à Boileau, et Boileau lui-même ne s'était peut-être montré aussi sévère que parce qu'il enviait quelques vers éclatants que sa muse froide et correcte aurait difficilement trouvés, même après les avoir cherchés long-temps aux détours des allées d'Auteuil.

Entre *la Pucelle* de Chapelain et *la Pucelle* de Voltaire, nous rencontrons *l'Amazone française* du père Lejeune, chanoine régulier d'Orléans, et *la France délivrée* du vaudevilliste Favart, qui remporta, en 1734, le grand prix des Jeux floraux. Malgré le suffrage d'un évêque et la couronne académique, on passe avec indifférence devant ces œuvres oubliées, en excusant par la bonne intention l'impuissance des auteurs ; mais, quand on arrive au poème de Voltaire, on se détourne avec tristesse de cette débauche de génie que les plus fervents admirateurs de ce grand homme eux-mêmes, et nous sommes du nombre, osent à peine nommer par pitié pour sa mémoire. Aucun livre peut-être, dans le XVIIIe siècle, n'a excité plus d'enthousiasme et de colère, et depuis tantôt cent ans il a été attaqué, au nom de la chevalerie, au nom de l'église, au nom de la monarchie, au nom du patriotisme, de la morale et de l'histoire, avec toute la passion qu'on apporte aux choses contemporaines. Ces attaques, toutes également vives, sont-elles toutes également fondées ?

N'en déplaise aux admirateurs passionnés du passé, Voltaire est dans la véritable tradition historique quand il peint avec une verve effrontée la licence grossière des chevaliers du XVe siècle, la brutalité des moines. Qu'on étudie en effet les contes du moyen-âge, c'est le même cynisme, la même crédulité ; et, quand de la société laïque on remonte jusqu'à la société spirituelle, les canons des conciles, les statuts synodaux, les protestations des hommes les plus éminents de l'église, les sermons des prédicateurs populaires, sont là pour témoigner que le déprit de la tradition sainte s'était singulièrement altéré entre les mains des hommes.

Cette dégradation ne pouvait échapper à Voltaire ; mais par malheur, dans le monde du moyen-âge, il ne voit que Satan : il rend le christianisme responsable des crimes de la barbarie, et, perdu dans une éternelle équivoque, il confond l'enthousiasme avec la folie, la théologie avec l'Évangile, les docteurs de Sorbonne avec les martyrs, Jeanne avec les femmes sans nom. Par la nation de la grandeur morale, il calomnie l'humanité tout entière ; il calomnie sa propre inspiration dans des œuvres plus heureuses en donnant à ses ennemis le droit de demander si les beaux sentiments de Tancrède et de Zaïre ne sont pas des mensonges, et, pour payer les ovations qu il avait reçues de l'Angleterre, il sacrifie en toutes rencontres la France à son implacable rivale. Ainsi, victime du fanatisme de la barbarie, Jeanne, trois siècles après sa mort, devait être immolée une fois encore à un fanatisme nouveau, celui de la philosophie ; mais c'est là le dernier outrage, et désormais le travail de la poésie sera consacré à la réhabiliter contre Voltaire et contre Shakespeare, qui, dans la tragédie de *Henri VI*, l'a indignement travestie. Le poète anglais en fait une sorcière qui évoque les démons, comme les sorcières de Macbeth, une fille dénaturée qui rougit de son humble naissance et renie son père ; et, ainsi que le dit M. Guizot, « la ridicule et grossière absurdité du rôle de Jeanne peut nous donner l'idée la plus exacte du sentiment avec lequel les chroniqueurs anglais ont écrit l'histoire de cette fille héroïque. » Cependant, à la fin du XVIIIe siècle, l'opinion, en Angleterre, s'était singulièrement modifiée. En 1795, au moment même où les vieilles haines nationales étaient animées par la guerre, un auteur dramatique fit représenter sur le théâtre de Covent-Garden une pantomime de Jeanne d'Arc, et, pour plaire au public, il faisait paraître à la fin de sa pièce des diables qui emportaient l'héroïne en enfer ; ce dénouement fut accueilli par des huées et des sifflets. A la seconde représentation, les diables furent remplacés par des anges, et l'enfer par le ciel ; l'apothéose était magnifique, et les spectateurs applaudirent avec transport.

La *Jeanne d'Arc* de Southey offre une preuve plus éclatante encore du revirement qui s'était opéré à l'égard de la Pucelle, et ce n'est pas une des moindres singularités de son histoire que de voir la poésie anglaise trouver avec Southey de nobles accents pour célébrer ses louanges à une époque où la muse française n'avait encore favorisé que le poète qui avait outragé sa mémoire. Le poème de Southey, qui parut en 1818, s'arrête au couronnement de Charles VII ; les neuf premiers chants sont consacrés à la délivrance d'Orléans, le dernier à la description de la bataille de Pathay et à la cérémonie du sacre. L'héroïne seule est en scène dans cette épopée historique ; on n'y trouve pas la victime. Le drame s'arrête au moment même où la pitié va s'éveiller. L'auteur, du reste, s'y montre tout aussi bon Français que Jeanne d'Arc, et, pour peu qu'on se rappelle les déclamations de Shakespeare, ce n'est point sans quelque surprise qu'on lit cette tirade que le poète prête à Jeanne dans l'oraison funèbre des guerriers morts pour la délivrance d'Orléans : « Réservons notre pitié pour ceux qui succombent en combattant sous la bannière de l'oppression ; ils en ont besoin. Puisse le Dieu de paix et d'amour être miséricordieux envers ces hommes sanguinaires qui sont venus désoler la France, et qui voulaient nous forcer à ramper et à être esclaves devant le marchepied d'un tyran ! Qu'il leur accorde sa miséricorde, ainsi qu'à leurs épouses et à leurs malheureux enfants orphelins, qui, privés des soins paternels, jettent en vain des cris en demandant du pain : guerriers infortunés enrôlés par force ou déterminés par le besoin à faire ce trafic de leur sang, plus infortunés encore si c'est leur seule volonté qui les a amenés, car ils paraissent maintenant devant le trône éternel qui les juge comme meurtriers mercenaires ! »

L'Allemagne, qui, dès le XVe siècle, avait payé à Jeanne un large tribut d'admiration, lui réservait de notre temps, par la muse de Schiller, une apothéose nouvelle. Le drame du poète allemand embrasse la vie entière de l'héroïne. Schiller a parfaitement compris et magnifiquement exprimé dans quelques scènes le grand caractère de la Pucelle ; mais, par malheur, un roman inférieur à la réalité est substitué aux données historiques. Ainsi Jeanne, dans son procès, dit, en racontant son départ de la maison paternelle, que, « *s'elle eust eu cent pères et cent mères, et s'il eust été fille de roy, si fust elle partie,* » et, dans le drame de Schiller, elle s'attendrit et pleure en quittant le hameau qui l'a vu naître ; la fièvre de l'héroïsme fait place aux défaillances sentimentales. Dans l'histoire, elle s'enorgueillit de n'avoir jamais versé le sang, et dans la pièce allemande Talbot, blessé par elle, meurt sur le théâtre en blasphémant. Elle tue le jeune Montgommery, qui la supplie de l'épargner au nom de son vieux père ; puis une autrefois, au moment même où elle va frapper Lionel, elle s'attendrit pour sa beauté s'éprend pour lui d'un vif amour, et « c'est vers le camp des Anglais, vers les ennemis, que se tournent toutes ses pensées. » Dès ce moment, sa force est brisée ; elle a peine à se soutenir pendant la cérémonie du sacre ; l'unité, l'individualité de son caractère, disparaissent complètement, et le poète, qui ne se soutient plus que par le lyrisme, s'égare dans des fictions inacceptables. Le père de Jeanne se présente au milieu de la cour de Charles VII pour accuser sa fille de sorcellerie ; celle-ci refuse de se justifier, et bientôt les menaces du peuple la forcent à prendre la fuite. Dans l'histoire, elle grandit encore sous le coup des dernières épreuves ; dans le drame, au contraire, la fille au grand cœur, en tombant dans les mains des Anglais, disparaît pour faire place à un être fantastique et bizarre, sans consistance et sans volonté, et Schiller lui ravit cette auréole de martyre qui couronne si dignement sa vie, pour la faire mourir dans une bataille où elle assure la victoire aux Français.

Quoi qu'il en soit de ces diverses tentatives, Jeanne d'Arc appartient désormais à la poésie, et pour l'Europe entière elle est devenue le symbole du patriotisme ; son nom retentit comme un cri de guerre dans nos modernes désastres, et, à une époque où les poètes eux-mêmes trahissaient la gloire et le malheur des vaincus. M. Lebrun et M. Casimir Delavigne consacrèrent à sa mémoire des odes qui se placent au premier rang de leurs meilleures inspirations. Dans les partis les plus opposés, l'admiration est la même : les uns la célèbrent parce qu'elle a fait sacrer le roi, les autres parce qu'elle a chassé l'étranger. La *société des bonnes-lettres* prodigue en son honneur les élégies et les strophes, et en 1818 elle reparaît dans un poème épique en douze chants. L'auteur de ce poème, M. Pierre Duménil, s'arrête, comme Southey, à la cérémonie du sacre, et se montre scrupuleusement fidèle au *scénario* de l'épopée classique. Jeanne, qui est appelée *l'ointe du Seigneur*, reçoit mystérieusement dans son village un casque et un bouclier sur lesquels sont représentés les événements les plus importants de nos annales, depuis l'origine de la monarchie jusqu'au règne de Charles V, et, au moment du sacre, elle professe dans la cathédrale de Reims un cours complet d'histoire sur les faits qui s'accompliront après elle, y compris l'empire et la restauration. Comme Homère, et c'est là le seul point de ressemblance, le poète s'endort parfois en faisant combattre et discourir ses héros ; mais, dans son ardeur martiale, il ne se contente pas de mettre aux prises la noblesse et la *pédaille* des deux royaumes, il engage un duel à outrance entre l'ange de la France et l'ange de l'Angleterre, Eliel et Salem. Les démons prennent parti pour Henri VI, les anges pour Charles VII, et la mêlée devient générale. A défaut de ces vers éclatants qu'on n'oublie pas, M. Duménil a trouvé du moins des sentiments généreux et une belle idée qui ressort heureusement du fond même du sujet et des enseignements de la tradition chrétienne. Il suppose que Dieu, après le triomphe de l'héroïne, accorde la délivrance aux guerriers français morts devant Orléans, qui subissaient les épreuves du purgatoire. Pourquoi l'église a-t-elle laissé au poète le mérite de cette invention ? Elle a tant pardonné, même aux grands coupables, qu'on pourrait peut-être, sans se montrer sévère, s'étonner qu'elle n'ait jamais compris dans ses indulgences ceux qui mouraient pour leur pays.

Le plus grand succès du poème de M. Duménil fut un article au *Journal des Savants* et le suffrage de M. Raynouard, qui lui-même avait fait une tragédie de *Jeanne d'Arc* ; mais quelques vers heureux, des *passages bien écrits*, une belle idée et un article de journal ne suffisent pas à rendre une épopée durable. Deux ou trois scènes dramatiques et les éloges d'un critique en renom ne suffisent pas non plus à assurer dans l'avenir le succès d'une tragédie. La *Jeanne d'Arc à Rouen* de d'Avrigny, jouée en 1819, fut applaudie par les uns, vivement critiquée par les autres, et chaudement défendue par Hoffman. Le public trouvait qu'il était difficile de rendre le duc de Bedford intéressant, l'évêque de Beauvais supportable, et que la pièce d'ailleurs ressemblait trop à un procès en cour d'assises. Le public finit par avoir raison contre Hoffman, et l'histoire littéraire n'eut qu'un nouvel échec à enregistrer.

Mais les défaites de leurs devanciers n'effraient point les poètes ; l'amour-propre, comme l'enthousiasme et le mysticisme, a ses hallucinations, et ce démon familier, qu'on n'exorcise jamais, nous répète toujours : Tu feras mieux que les autres. Vers 1829, Mme de Choiseul, forte des encouragements qu'elle avait reçus de Mme de Genlis, fit paraître un poème en douze chants, comme tous les poèmes. Ce ne sont plus les dieux de l'Olympe que Mme de Choiseul invoque, mais le seul Dieu des chrétiens et le roi de France. Par malheur, en fait de poésie, le roi ne peut rien, même dans les monarchies absolues, et il n'en est point de l'inspiration comme de la grâce ; pour l'obtenir, il ne suffit pas de la demander : on en jugera par les six vers suivants, qui donnent le ton de tout l'ouvrage :

> Sur la place fatale arrivé, l'on s'arrête :
> On fait descendre Jeanne, et l'on met sur sa tête
> Une mitre portant d'infâmes écriteaux ;
> On y lit la sentence exprimée en ces mots,
> Que dicta, qu'inscrivit la rage opiniâtre :
> Hérétique, relapse, apostate, idolâtre.

Certes, ce n'est pas trop de la rime pour s'apercevoir que l'auteur a eu l'intention de faire un poème.

Au commencement de cette année même, deux épopées nouvelles, la *Jeanne d'Arc* de Mlle Bigot et la *Jeanne d'Arc* de M. Alexandre Soumet, ont paru simultanément. La première a passé inaperçue, comme tant d'autres poésies éphémères que le même jour voit éclore et mourir ; la seconde a été accueillie avec la sympathie bienveillante qu'on doit aux œuvres consciencieuses, inspirées par de louables sentiments. M. Soumet était encore dans la première vigueur de l'âge lorsqu'il disposa l'ordonnance de son poème ; il l'a terminé sur le lit de douleur où la mort l'a frappé, et, ainsi que l'a dit un de ses biographes, il s'est, appuyé sur sa fille pour achever sa route, et ils l'ont achevée ensemble ; il ne s'est interrompu dans ses souffrances que pour lui dicter ses derniers chants, et elle ne s'est interrompue dans ses soins que pour les écrire. *Jeanne d'Arc* s'adresse à la France, comme *la Divine Épopée* s'adressait à l'humanité tout entière. Là, c'était le rachat de l'enfer par une seconde immolation du Christ ; ici, c'est le salut de la France par l'immolation d'une vierge. L'auteur a parfaitement saisi le caractère de la mission de Jeanne ; par malheur, en voulant fondre dans un même ensemble tous les genres et toutes les nuances, combiner dans un même cadre l'idylle, l'ode, le drame, l'épopée, l'élégie, associer les croyances du moyen-âge aux idées modernes, et renchérir encore sur le merveilleux légué par l'histoire, il est tombé dans une inextricable confusion. *Jeanne d'Arc* est une trilogie, dont la première partie est intitulée *idylle*, la seconde *épopée*, la troisième *tragédie*, ce qui donne pour la totalité du poème : un prologue, dix-huit chants, cinq actes et un épilogue. En ce qui concerne l'héroïne, M. Soumet a suivi avec une assez grande exactitude les chroniques et les renseignements qu'on trouve dans le procès. Jeanne, dans l'*idylle*, est présentée à Charles VII, et elle raconte son enfance, ses visions, à peu près comme elle aurait pu le faire à l'assemblée de Poitiers, mais avec un rhétorisme beaucoup plus abondant. Elle devient savante ; aux mots simples, naïfs et profonds tout à la fois, transmis par l'histoire, le poète substitue une paraphrase sonore ; écoutons-le dans la *trilogie* raconter l'apparition des anges et de saint Michel :

> Un jour, — j'en tremble encore et d'extase et d'effroi ! —
>
> Un jour que, priant Dieu pour la France et le roi,
>
> J'ornais de frais rameaux l'église du village,
>
> - Me croirez-vous ?... - je vis resplendir le feuillage,
>
> Et dans l'air s'avancer, à travers le vieux mur,
>
> Monseigneur saint Michel sous un manteau d'azur.
>
> Du glaive flamboyant sa main était chargée.
>
> Son aile, blanche et grande et d'or toute frangée,
>
> Se déployait en arc, et sur son front béni
>
> Reposait le rayon du bonheur infini. .
>
> Son vol, tout lumineux, qui m'apparut sans voiles,
>
> Faisait naître en passant des nuages d'étoiles ;

> Il brillait à mes yeux, pleins de ravissement,
> Comme un saphir tombé du haut du firmament.
> Les lis que Salomon admirait dans leur gloire
> Ont un éclat moins pur que sa robe de moire ;
> Les airs sont moins légers que ses cheveux flottants,
> Et sa voix ressemblait au souffle du printemps,
> Lorsqu'il glisse, au matin, sous les branches fleuries
> Des tendres amandiers, bouquets de nos prairies.

Voici maintenant l'exacte traduction de ce que dit l'héroïne dans son procès, à propos de cette même vision : Parmi ces anges, les uns se ressemblaient, les autres ne se ressemblaient pas ; les uns avaient des ailes, les autres des couronnes. Quant à saint Michel, il ne m'inspira aucune crainte (le poète dit : *J'en tremble encore et d'extase et d'effroi !*) ; mais j'étais courroucée de son départ, et mon âme s'en fût allée volontiers avec lui. » - On pourrait à chaque page multiplier les comparaisons de ce genre, et l'avantage resterait partout à la bergère. Sa belle ignorance confondrait toujours la science des lettrés, comme son bras armé de l'étendard pacifique triomphait des soldats vieillis dans les camps.

On sait quelles sont les étapes inévitablement assignées d'avance au poète qui veut parcourir la vie de Jeanne d'Arc ; la route est toute tracée, et M. Soumet devait la suivre. Après le siège d'Orléans, c'est la bataille de Pathay, où le combat classique s'engage avec toutes les fanfares, puis le sacre à Reims. C'était là ordinairement qu'on s'arrêtait ; mais l'auteur, dans *l'épopée*, arrive jusqu'à la défaite de Compiègne, et, comme Jeanne d'Arc disparaît dans l'histoire, il est obligé, pour allonger la route, de prendre des chemins de traverse. Alors il s'égare dans les épisodes ; il joue, comme les enfants, avec tout ce qu'il rencontre, et, quand l'imagination n'invente pas, la mémoire conseille. Ismène, le magicien de *la Jérusalem*, devient Trémoald, le sorcier des carrières Montmartre, le confident et l'oracle d'Isabeau ; l'âne brutal de Voltaire se change en Glacidas, capitaine anglais ; Isabeau elle-même est une espèce de contrefaçon d'Armide qui s'éprend d'un bel amour pour l'Arabe Noëmé. Cet Arabe, ce *spahi*, comme dit le poète, qui occupe une grande place dans le mélodrame épique, est chargé par Isabeau de *lui* assassiner Jeanne d'Arc ; il tente de l'enlever, mais il est blessé par Dunois, et, au moment même où ce guerrier s'apprête à le tuer, Jeanne intervient et lui sauve la vie. Alors il se fait chrétien et s'attache au service de l'héroïne avec un beau lion qu'il a ramené du désert, et qui joue le même rôle que l'aigle de la belle Lysimante dans le *Clovis* du père Lemoine. Irrité de cette conversion qui lui ravit l'amour de Noëmé, Isabeau va trouver son sorcier Trémoald, qui lui donne un poignard et lui annonce que Jeanne se rendra dans la forêt de Compiègne, au pied d'une tour habitée par des nécromans, et que là il lui sera facile de frapper son ennemie, devenue sa rivale. Isabeau pénètre dans la forêt. Dès les premiers pas, des images fantastiques se dressent devant elle. On entend des voix mystérieuses comme dans la forêt druidique de Lucain, le Christ lui-même apparaît ; mais Isabeau, comme les dieux de l'enfer païen, ne se laisse pas fléchir : elle marche à travers tous les fantômes, et bientôt elle aperçoit Jeanne et le *spahi* Noëmé assis avec son lion au pied d'un chêne. Ce tête-à-tête au milieu de la forêt semblerait au premier abord s'écarter des habitudes de l'héroïne ; cependant les choses se passent exactement comme dans les rendez vous les plus vertueux des romans de Mme de Genlis. Chantez-moi, lui dit Jeanne, un air de votre pays. » Noëmé chante les tourments de l'amour. En ce moment, Isabeau, qui s'est glissée dans les taillis, lève le bras pour frapper ; mais le lion bondit, et, se plaçant devant elle, la tient en arrêt comme un chien tient une perdrix. L'Arabe, pendant ce temps, propose à Jeanne d'Arc de l'amener dans le désert ; elle répond par un refus, le chœur des élus chante un cantique en strophes de huit vers pour la féliciter, et le *spahi* finit par se convertir.

    Cet épisode montre suffisamment, ce nous semble, que ce n'est pas l'invention qui fait le mérite du poème, et, s'il fallait d'autres preuves à l'appui de cette critique, nous citerions la description de la fête dans le charnier des Innocents. L'auteur, en voulant renchérir sur l'histoire, est tombé tout à la fois dans le grotesque et le hideux, et, à force d'exagération, il est parvenu à calomnier Isabeau elle-même. Je ne sais rien de plus repoussant que le supplice de ce bourgeois de Paris qu'on écartèle au milieu de la fête ; je ne sais rien de plus trivial que le marché passé entre la reine et l'Arabe pour le meurtre de Jeanne d'Arc. Le *spahi* Noëmé veut être payé en amour, mais payé comptant, et le poète aurait eu grand'peine peut-être à se tirer de la situation, s'il n'avait conduit au-dessus du lieu de la scène un gros nuage qui force les assistants à se disperser. En ce qui concerne aussi les principaux acteurs, la tradition est constamment faussée. Jeanne parlait peu sur le champ de bataille ; elle disait aux Anglais : « Fussiez-vous cent mille *goddens*, vous sortirez tous du royaume, excepté ceux qui y mourront. » Elle disait à ses soldats : « Boutez-vous dans l'ennemi, la journée est vôtre. » Dans la trilogie, la phrase abonde, et ce n'est pas la guerrière, mais l'académicien qui parle. Ce n'est pas non plus sans quelque surprise qu'on voit des bombes à la bataille de Pathay et qu'on entend l'inquisiteur Hermangard, quoique l'auteur lui prête l'esprit prophétique, prêcher dans Paris contre la liberté de la presse ; du reste, on aurait tort d'insister sur ces détails, car l'anachronisme est un des éléments indispensables du poème épique, et, si l'on peut à bon droit critiquer l'invention, il faut du moins rendre justice à la forme, et reconnaître que par le style cette œuvre est souvent d'un poète.

La *tragédie*, jouée pour la première fois en 1825 et reprise récemment au Théâtre-Français, forme la troisième partie. Le merveilleux y disparaît complètement ; mais la vérité historique n'est guère mieux observée que dans *l'idylle* et dans *l'épopée*. Le duc de Bedford se change en une espèce de protecteur de la Pucelle ; le duc de Bourgogne, dans une scène fort belle d'ailleurs, se convertit à la cause nationale, et le poète ne donne pour motif aux péripéties des trois premiers actes que le faux témoignage porté par Gauthier d'Arc contre sa fille, faux témoignage suivi d'une rétractation solennelle. Le quatrième acte roule sur une provocation entre le duc de Bourgogne et le duc de Bedford : Jeanne sera sauvée si le duc de Bourgogne est vainqueur ; malheureusement le triomphe reste à Bedford. Ainsi c'est le jugement de Dieu qui la condamne, et les Anglais sont à peu près absous de son supplice.

    Cette impuissance de la poésie à célébrer dignement Jeanne d'Arc n'est-elle pas, nous le demandons, un nouvel hommage à sa grandeur ? Sans doute l'avenir lui réserve encore d'autres apothéoses ; mais, quelle que soit l'inspiration, on peut penser, sans blasphème contre la poésie, que la réalité, dans cette aventure héroïque, restera toujours plus grande que la fiction. Les sculpteurs du moyen-âge, en taillant la statue de la Vierge, demandaient pardon à la mère du Christ de ne pouvoir exprimer sur la pierre la pureté qui rayonnait en elle, et Fra Angelico ne peignait son image qu'aux heures de l'extase, à genoux, et quand le ciel s'ouvrait devant lui pour dévoiler à ses yeux son divin modèle. La foi de nos aïeux, on l'a vu, a proclamé Jeanne la première sainte du paradis après la mère de Dieu : les bourgeois du XVe siècle, la prenant pour un ange, s'approchaient d'elle en faisant le signe de la croix, et la noble fille leur disait : « N'ayez crainte, je ne m'envolerai pas. » L'art, dans nos âges sceptiques, pourrait-il l'élever jusqu'à cet idéal, la maintenir à cette hauteur infinie ?

Jeanne d'Arc
(une héroïne française)[1]

Les progrès de l'invasion anglaise au XVe siècle furent rapides et terribles. L'invasion, ma sœur, si vous ne comprenez pas ce mot, interrogez vos sœurs aînées, elles vous diront les figures étranges qu'elles virent passer deux fois devant leur berceau, l'incendie à l'horizon, le bruit du canon dans l'air, les hommes qui partaient beaux et fiers, puis revenaient sanglants et pâles, et les pauvres mères qui pleuraient : tout cela, c'est l'invasion !

En 1420, Isabeau de Bavière, femme alors et bientôt veuve de Charles VI, appuyant je ne sais quels droits qu'Henri V, roi d'Angleterre, réclamait sur le royaume de France, attira les Anglais à Paris. Le souverain légitime, appelé par dérision *le roi de Bourges*, parce que le Berry seul lui restait fidèle, fuyait, déshérité, volé, poursuivi par sa mère..., par sa mère ! car tous les historiens sont là qui déposent de ce fait inouï, et il faut bien se résigner à le croire...

---

[1] Par Hégésippe Moreau.

« Que faire et espérer maintenant ? » se disait, à part lui, Robert de Baudricourt, gouverneur de Vaucouleurs en Champagne, qui, par une blessure exilé des camps dans son château, gémissait de ne pouvoir plus combattre pour son pays et pour son roi... Assis en ce moment dans un grand fauteuil seigneurial, il venait de lire et il froissait en sa main un passage qui confirmait la nouvelle de nos derniers désastres : « C'en est fait du beau royaume de France ! soupirait-il, à moins qu'un ange du ciel n'en tombe exprès pour nous sauver, mais quand viendra-t-il ? où est-il ?

— Tout près de vous, Monseigneur », dit un jeune page qui se tenait appuyé derrière le fauteuil du sire de Baudricourt.

Il se retourna, et vit une belle jeune fille qui venait d'entrer accompagnée d'un pauvre vieillard.

« Messieurs, je suis Jeanne, bergère à Domremy. Or, sachez que Dieu m'a fait savoir et commander que j'allasse devant le gentil Dauphin qui doit être et est vrai roi de France, et qu'il me baillât des gens d'armes, et que je lèverais le siège d'Orléans, et que je le mènerais sacrer à Reims. Peut-être n'aurez-vous cure de moi ni de mes paroles, et pourtant il faut que je sois devant le roi avant la mi-carême, dussé-je user mes jambes jusqu'aux genoux pour m'y rendre ; car personne, ni roi, ni duc, ni fille de roi, ne peut relever le royaume de France. Il n'y a de secours qu'en moi, - si pourtant aimerais mieux rester à filer près de ma pauvre mère, car ce n'est pas là mon ouvrage ; mais il faut que j'aille et que je le fasse, car mon Seigneur le veut.

Et quel est votre seigneur ? dit le gentilhomme.

C'est Dieu », répliqua-t-elle.

Robert de Baudricourt examina la jeune fille avec attention, interrogea, et parut émerveillé de la justesse et de la candeur de ses réponses.

Quelques jours après, Jeanne, sous un habit et un chaperon d'homme, accompagnée de Louis Imerguet, jeune gentilhomme qu'on lui avait donné pour la servir, faisait piaffer avec tant d'adresse et de grâce son cheval dans la cour du château, qu'on ne pouvait distinguer qu'avec peine lequel des deux cavaliers étaient le page ou la bergère.

Pour aller de Vaucouleurs à Chinon, où se trouvait alors le roi Charles VII, il fallait traverser une longue étendue de pays occupée par les Anglais ; mais Dieu bénit ce voyage aventureux, et bientôt la bergère fut en présence du roi. Pour mettre à l'épreuve le don de prophétie qu'elle prétendait avoir reçu, Charles VII s'était confondu au milieu de ses gentilshommes ; mais, écartant la foule, Jeanne alla droit à lui sans hésiter, lui répéta ce qu'elle avait annoncé au sire de Baudricourt, et, pour persuader le roi de sa mission, elle envoya chercher une épée qui était dans le tombeau d'un chevalier, derrière le grand autel de l'église Sainte-Catherine de Frébois. « Sur la lame de cette épée, dit-elle, il doit y avoir des croix et des fleurs de lis gravées ». Et le roi publia qu'elle avait deviné ce grand secret, qui n'était connu que de lui seul.

Les théologiens, les légistes lui firent subir, à Chinon d'abord, puis à Poitiers et à Blois, où elle fut conduite quelque temps après, de longs interrogatoires sur l'authenticité de sa mission divine. Tous l'abordaient pleins de doute et de défiance, et la quittaient touchés et convaincus.

Un carme lui demandait un signe de sa mission : « Vous l'aurez bientôt, dit-elle, par la levée du siège d'Orléans ». Ce qui contribuait beaucoup à inspirer de la confiance dans les paroles de Jeanne, c'est que, suivant une prophétie de l'enchanteur Merlin, le royaume de France devait être sauvé par une bergère sortie, dit le texte magique, du *Bois Chevelu* ; or, il existe une forêt de ce nom auprès de Domremy.

Le siège d'Orléans par les Anglais attirait alors tous les regards. Cet épisode de la guerre avait soulevé dans les cœurs français quelque chose de plus amer que l'indignation naturelle aux victimes d'une invasion. Le duc de la ville assiégée avait été fait prisonnier par les Turcs à la bataille de Nicopolis. Livré par les vainqueurs aux Anglais, et prisonnier à Londres depuis cette époque, il avait fait observer au duc de Glocester, régent d'Angleterre, qu'il y aurait lâcheté et félonie à attaquer des domaines dont le seigneur n'était pas là pour les défendre. A cette réclamation naturelle, suivant les idées chevaleresques de l'époque, le régent répondit par la promesse solennelle de faire respecter les

États du captif; et cependant les Anglais pressaient le siège d'Orléans, d'après les ordres de Bedfort, régent de France pour l'Angleterre, et sous le commandement immédiat de Talbot, l'un des plus braves et des plus habiles capitaines de l'armée anglaise. Ce manque de foi avait fait bondir d'indignation le duc de Bourgogne lui-même, et se jeter dans les rangs français, où le repentir le ramena plus tard. Orléans se défendait bien. Les habitants, pour concentrer leurs forces et leur désespoir dans les murs, et pour ne pas laisser à l'ennemi des bivouacs à leurs portes, avaient abattu les faubourgs, si grands alors, que, liés en un faisceau au lieu de s'éparpiller dans la campagne, ils eussent présenté une masse aussi imposante que la ville même.

Vingt-six églises avaient disparu, enveloppées dans cette large destruction, et entre autres celle de Saint-Aignan, monument remarquable de l'art gothique récemment transplanté dans le Nord par les croisés; mais les assiégeants avaient dans les murs un terrible auxiliaire…, la famine!

Ce fut alors, et pendant les préparatifs d'un convoi de vivres qu'on voulait, par ruse ou par force, jeter dans la place aux abois, que Jeanne écrivit et envoya, par un hérault, aux chefs anglais, une lettre que nous reproduisons fidèlement :

« Jésus ! Maria !

« Roi d'Angleterre, rendez à Jeanne clefs de toutes les bonnes villes que vous avez enfoncées ; car elle est venue de la part de Dieu ! Archers, compagnons d'armes gentils et vaillants qui êtes devant Orléans, allez-vous-en en votre pays, de par Dieu ! et si ne faites, donnez-vous garde de la bergère. Ne prenez mie votre opinion que vous tiendrez France du roi du ciel, fils de sainte Marie ; mais la tiendra le roi Charles, vrai héritier, qui entrera à Paris en belle compagnie. Si vous ne croyez les nouvelles de Dieu, en quelque lieu que vous trouverez, nous férirons dedans à horions, et si verrez lesquels auront meilleurs droits de Dieu ou de vous. Jeanne vous requiert que vous ne fassiez mie détruire. Si vous ne lui faites raison, elle fera tant que les Français feront le plus beau fait qui oncques fut fait en la chrétienneté. »

« Écrit le mardi de la grande semaine. »

Le message portait cette suscription :

« *Entendez les nouvelles de Dieu !* — Au duc de Bedfort, qui se dit régent de France pour le roi d'Angleterre. »

Quelques jours après, Jeanne d'Arc parut donner un gage de sa mission et de sa puissance en faisant pénétrer à travers les lignes anglaises le convoi dans la ville affamée, et, chose merveilleuse ! elle y fit son entrée solennelle, sans que les ennemis qui, retranchés dans leurs bastilles, cernaient la ville sur presque tous les points, eussent le pouvoir ou l'envie de s'opposer à son passage. Dans toutes les églises debout encore, les cloches sonnèrent à grande volée ; las d'avoir pleuré si longtemps à la lueur de l'incendie, le pauvre peuple dansa devant des feux de joie.

Les premiers exploits de Jeanne inspiraient tant de confiance dans l'avenir que la ville, disent les chroniques du temps, se regardait déjà comme désassiégée.

C'était surtout dans la rue où la bergère devait passer qu'il y avait grand bruit et grande foule. Attention ! voici une lourde avant-garde à cheval qui fend à grand'peine, et à la nage, les vagues noires du populaire ; puis deux hérauts d'armes proclamant d'une voix sonore les nouvelles de Dieu ; puis enfin, Jeanne !... On peut la contempler à loisir car elle n'a ni casque ni visière, mais seulement un chapeau sur lequel se balance une petite plume. Elle porte une cotte de mailles et s'avance lentement, ses yeux levés au ciel, comme pour y renvoyer les bruyantes acclamations qui la saluent. A sa droite est Jean d'Orléans, comte de Dunois et de Longueville, grand chambellan de France, surnommé depuis le Victorieux et le Triomphateur, qui, aidé de Jeanne, remit en sa splendeur le royaume de France, et dont Valentine de Milan, sa belle-mère, avait coutume de dire que, de tous ses enfants, il n'y avait que Dunois qui fût capable de venger la mort du duc d'Orléans. En ce moment la joie du brave Dunois était grande, car cette ville qui le recevait avec des acclamations, il avait médité de la réduire en cendre plutôt que de l'abandonner aux Anglais. A sa gauche est Lahire ; et c'est ainsi que Jeanne marcha depuis dans les combats qu'elle eut à traverser. Alors, dès qu'un danger se présentait, deux larges boucliers se déployaient sur sa tête, comme, quand vient l'orage, se déploient les ailes de l'oiseau sur sa couvée ; et en même temps deux longues épées s'allongeaient pour repousser l'épée anglaise, et lorsque Jeanne se retournait pour reconnaître et bénir ses sauveurs, elle était sûre de rencontrer la belle et pâle figure de Dunois et la grosse face insouciante et rieuse de Lahire.

Et pourtant, dit-on, elle se prit plus d'une fois de querelle avec eux ; quand le courage de Dunois l'égarait dans les périls plus en avant qu'il ne convient à un prince et à un chef d'armée :

« Monseigneur, Monseigneur, lui disait-elle en souriant, prenez-y garde, si cela vous arrive, je vous ferai couper la tête ». Les différends avec Lahire étaient plus graves ; cet homme de guerre, rude et inculte, mâchait toujours, par habitude et presque malgré lui, quelque juron entre ses dents. Je renie Dieu, surtout, revenait dans chacune de ses phrases, ce dont Jeanne s'indignait et s'attristait jusqu'aux larmes. Pour se venger des remontrances de la pieuse jeune fille, le brave Lahire, dont l'esprit n'était pas à beaucoup près aussi fin que l'acier de son épée, répétait souvent, tandis qu'il chevauchait à côté d'elle, son bâton de commandement à la main : « Jeanne...., je renie mon bâton ! » Ce qui ne l'empêchait pas d'être au fond un excellent chrétien, témoin sa prière au moment de charger l'ennemi à la bataille de Verneuil : « Mon Dieu, fais aujourd'hui pour Lahire ce que tu voudrais qu'il fît pour toi si tu étais Lahire et qu'il fût Dieu ! » Et il cuidait fort bien prier et dire, ajoute le naïf chroniqueur. Ce troisième personnage en froc et capuchon qui vient derrière eux sur un mulet à l'amble, et abandonnant les pans de sa robe au peuple qui la baise avec respect, c'est l'aumônier de Jeanne d'Arc, frère Pâquerel ; à ses côtés est un carme de la province de Bretagne appelé Thomas Commecte, célèbre par sa vie austère et ses prédications contre les hennins, « bonnets de la longueur d'une aune, aigus comme clochers, desquels dépendent par derrière de longs crêpes à riches franges comme étendards », coiffures monstrueuses, d'invention nouvelle, que les nobles dames portaient pour se distinguer des femmes du petit état, signe d'orgueil et de coquetterie que le saint homme condamnait au feu sans pitié et dont il faisait un auto-da-fé dans toutes les villes où il prêchait. « Mais après son partement, dit le chroniqueur, les dames relèvent leurs pointes et font comme les limaçons, lesquels, quand ils entendent quelque bruit, retirent tout bonnement leurs cornes, ensuite le bruit passé, soudain ils les relèvent plus grandes que devant ». Derrière Jeanne, flotte son étendard dont les plis retombent sur son chaperon et jouent avec son panache.

Cette bannière, portée par Imerguet, est blanche, semée de fleurs de lis ; on y voit figurer le Christ assis en son tribunal dans les nuées du ciel, et tenant un globe à la main. Deux anges, dont l'un porte une branche de lis, sont à ses pieds en adoration, et de l'autre côté brillent, brodés en or, les noms de Jhésus, Maria.

Le cortège se dirige ainsi lentement, à travers la foule et les acclamations, vers l'église, où retentit bientôt un Te Deum.

Dès le lendemain, Jeanne voulut répéter de vive voix aux ennemis les avertissements qu'elle leur avait donnés dans sa lettre. Montant sur un des boulevards des assiégés, en face de la bastille anglaise des Tournelles, elle leur commanda de s'en aller, « sinon, ajouta-t-elle, il vous adviendra honte et malheur ». Guillaume Gladesdale, qui commandait en ce lieu, ne répondit à Jeanne que par de vilaines injures ; et quelques jours après, suivant la menace prophétique, il advint malheur à l'Anglais. D'abord, un nouveau convoi sous la conduite de Jeanne, passa devant Gladesdale, sans qu'il pût s'y opposer ; plus tard le pied lui glissa sur un pont qu'il défendait, et, comme poussé par une main invisible, le blasphémateur se noyait dans la Loire.

Quelque temps après, un soir, encouragés par leur premier succès, des hommes d'armes, sans avoir consulté leurs chefs, firent une sortie contre une bastille ; Jeanne qui dormait alors, accablée de fatigue, s'éveilla en sursaut sans qu'on l'eût avertie.

« Ah ! méchant garçon, dit-elle à son page qu'elle trouva jouant sur la porte, vous ne me disiez pas que le sang français est répandu ! Allons, vite, mon cheval. »

Aussitôt qu'elle parut la victoire se décida pour les Français ; une foule d'Anglais périrent et ceux qui échappèrent à la mort ne le durent qu'à la protection de Jeanne. Chaque boulevard fut pris tour à tour, et partout elle eut une large part dans le succès ; partout elle s'exposa comme un homme dans le combat, ne redevenant femme qu'après la victoire, pour prier, sauver les prisonniers et panser leurs blessures. A la deuxième affaire, qui fut la plus chaude et la plus sanglante, elle eut le cou percé d'une flèche, et pleurait, la pauvre fille : « Monseigneur, dit-elle à Dunois, sauriez-vous pas des paroles pour adoucir les blessures ? - Oui, répondit-il, j'en sais qui en ont guéri de plus profondes ». En parlant ainsi, le guerrier indiquait de la main sa poitrine, puis, se penchant sur son cheval, il souffla ces trois mots à l'oreille de Jeanne : *Dieu, honneur* et patrie. *« Oh ! vous êtes un grand clerc, dit-elle ; il me semble que je n'ai plus de* mal ! » Et bientôt elle put entendre le cri des chariots de l'armée anglaise qui s'en allait : le siège d'Orléans était levé !

Nous ne dirons rien de la bataille de Patay, de la prise de Jargeau et de Troyes, grands événements militaires qui précédèrent le sacre de Reims, et où Jeanne, comme partout, veilla et conduisit les Français sous son étendard. La répétition de tous les coups d'épées qu'on échange, de tous les flots de sang qui coulent n'aurait pas été pour vous, ma sœur, un spectacle attrayant, et Jeanne d'Arc elle-même avait hâte d'en détourner les yeux.

Plus tard, comme elle insistait auprès du roi Charles VII pour qu'il allât se faire sacrer à Reims, s'apercevant qu'il hésitait à suivre ses conseils, : « Je ne durerai qu'un an ou guère plus, dit-elle, il me faut donc bien l'employer ».

Pendant la cérémonie, elle se tint près de l'autel, sa bannière à la main ; après le sacre, elle se jeta à genoux devant le roi et lui baisa les pieds en pleurant :

« Gentil roi, dit-elle, il est exécuté, le plaisir de Dieu qui voulait que vous vinssiez à Reims recevoir votre digne sacre pour montrer que vous êtes vrai roi de France. »

Par reconnaissance, le roi anoblit Jeanne d'Arc, son père, ses trois frères et tous leurs descendants, même par filles, changea le nom de leur race qui était d'Arc en celui de Lis, et leur donna pour armes un écu d'azur à l'épée mise en pal, ayant la croisée et le pommeau d'or, accostée de deux fleurs de lis soutenant une couronne de même sur sa pointe.

« J'ai accompli, disait-elle à Dunois, ce que Dieu m'a ordonné ; je voudrais bien maintenant retourner auprès de mes père et mère qui auraient tant de joie à me revoir. Je garderais leurs brebis et leur bétail, et ferais ce que j'avais coutume de faire. » Et, dans le dessein de retourner bientôt à Vaucouleurs, elle suspendit son armure blanche au tombeau de saint Denis.

Cependant, les seigneurs dont elle marchait environnée firent auprès d'elle tant d'instances qu'elle consentit enfin à ne pas quitter l'armée ; mais, depuis ce moment, de tristes pressentiments la poursuivirent. Un jour même, dit-on, après avoir communié à l'église Saint-Jacques de Compiègne, elle s'appuya tristement contre un des piliers et dit à plusieurs habitants et à un grand nombre d'enfants qui se trouvaient là :

« Ah ! mes bons amis et chers enfants, je vous le dis avec assurance, je serai bientôt livrée à la mort... Priez Dieu pour moi, je vous en supplie, car je ne pourrai plus servir mon roi, ni le noble royaume de France. »

Ces tristes prévisions ne furent que trop justifiées. En effet, Jeanne d'Arc ayant rempli la mission que Dieu lui avait confiée, Dieu ne pouvait plus rien pour elle, et quelques jours après, au siège de Compiègne par les Bourguignons, Jeanne fut prise dans une sortie, puis vendue aux Anglais qui la conduisirent à Rouen, où leur jeune roi Henri VI tenait sa cour. Là, on fit forger une cage de fer dans la grande tour du château, et on y mit la sainte fille avec des chaînes aux pieds. Pour se venger de celle qui avait annoncé et consommé leur ruine, et pour décrier la cause du roi, en montrant au peuple que la victoire de Charles VII était l'œuvre de la sorcellerie, les Anglais pressèrent l'Inquisition de mettre Jeanne en jugement. Or, promesses, menaces, ils n'épargnèrent rien pour atteindre leur but et réussirent. Nous n'entrerons pas dans les détails de ce hideux procès, où furent violées toutes les formes où le bon sens eut à gémir autant que la justice. Ceux qui trempèrent le plus avant dans cette iniquité furent Estévet, chanoine de Rouen, Cauchon, évêque de Beauvais, deux noms voués pour toujours à l'exécration des siècles. On ne rougit pas de donner à l'accusée pour confesseur dans sa prison un mauvais prêtre, qui, pendant les interrogatoires qu'elle eut à subir, souffla constamment à cette pauvre fille ignorante et simple des réponses qui devaient la perdre. Plusieurs fois cependant sa parole naïve et touchante faillit renverser des accusations laborieusement combinées.

« Vous croyez en la grâce de Dieu ? lui demandait-on.

— C'est une grande chose que de répondre à cette question ; si je n'y suis, Dieu veuille m'y recevoir ! et, si j'y suis, Dieu veuille m'y garder.

— Pourquoi portiez-vous un étendard aux combats ?

— Je le portais en guise de lance pour éviter de tuer quelqu'un : je n'ai jamais tué personne.

— Quelle vertu supposiez-vous en cette bannière pour expliquer vos succès ?

— Je disais aux soldats : Entrez hardiment parmi les Anglais, et j'y entrais moi-même.

— Pourquoi la portiez-vous au sacre de Reims ?

— Elle avait été à l'épreuve, c'était raison qu'elle fût à l'honneur ».

Comme un prédicateur, qui la sommait d'avouer ses crimes, se répandait en invectives contre le roi Charles VII : « Parlez-moi, non pas du roi, dit-elle en l'interrompant, car j'ose bien dire et jurer sous peine de la vie que c'est le plus noble d'entre les chrétiens ». Enfin on la força, par menace et par violence, à signer une abjuration dont elle ignorait le contenu, et alors les inquisiteurs prononcèrent une sentence par laquelle ils la condamnaient à passer le reste de ses jours au pain de douleurs et à l'eau d'angoisse. Et comme les Anglais, indignés de cette sentence qui leur semblait trop douce, tiraient leurs épées et menaçaient les juges : « N'ayez pas de souci, dit l'un d'eux, nous la retrouverons bien ». Et, en effet, une nouvelle condamnation ne tarda pas à remplacer la première. Voici sous quel prétexte : Jeanne avait repris l'habit de femme, car on lui imputait à crime l'habitude, contractée dans les camps, de se vêtir en chevalier. Pour lui faire violer sa promesse, on lui enleva pendant son sommeil les vêtements de son sexe, et on y substitua des habits d'homme. Quand elle voulut se lever, il lui fallut bien se vêtir de ces habits. Elle fut surprise par des espions apostés, jugée de nouveau sur leur témoignage, et condamnée au feu comme sorcière, séductrice, hérétique et ayant forfait à son honneur.

Le 30 mai 1431, Jeanne monta dans la charrette du bourreau : huit cents Anglais armés de toutes pièces lui servaient d'escorte. Tout à coup, un homme s'élança vers elle à travers la foule et lui baisa les pieds en pleurant : c'était son faux confesseur, qui, repentant de sa perfidie, venait lui en demander pardon. Arrivée au pied du bûcher, elle recommanda son âme à Dieu et à la sainte Vierge, et demanda une croix. Un spectateur en fit une de deux bâtons et la lui donna. Mais bientôt un cri d'impatience se fit entendre parmi les Anglais. Alors, interrompant les prières de la victime, le bourreau la saisit et l'entraîna sur le bûcher. Quand elle vit le feu s'allumer : « Tenez-vous en bas, dit-elle à son confesseur, levez la croix devant moi, que je la voie en mourant, et dites-moi de pieuses paroles jusqu'à la fin. »

On l'entendit prier longtemps encore à travers les flammes et le dernier mot qu'on put distinguer fut : « Jésus ! ».

« Nous sommes perdus, s'écriaient les Anglais : on vient de brûler une sainte ! »

On trouva son cœur tout entier dans les cendres. Et quelqu'un prétendit même avoir vu l'âme de Jeanne d'Arc s'envoler vers le ciel sous la forme d'une colombe.

Il y allait de l'honneur de la France et du roi de justifier la mémoire de cette fille héroïque. Charles VII voulut que ses parents demandassent des juges. Le pape Calixte III fit assembler les évêques à Rouen ; l'innocence de Jeanne fut reconnue, et le procès lacéré et brûlé. Il ne fut pas besoin de rien ordonnancer contre les faux juges : la plupart périrent d'une mort subite ou infâme : juste jugement de Dieu.

www.ingramcontent.com/pod-product-compliance
Lightning Source LLC
Chambersburg PA
CBHW020011050426
42450CB00005B/410